20億円のビーチサンダルを履いた男

酒井 満の潜在意識とネットワークビジネス

地球のどこにいても
自由な心で生きていると
いつでも、気持ちのよいハワイの風に
吹かれている気分だ。

同じ世界を見て、同じ場所を目指す仲間。
かれらとの言葉を超えたふれあいは、
無限のインスピレーションを与えてくれる。
笑顔は、エネルギーに満ちた雄弁なツールだ。

2010年夏、ハワイ・ワイキキで。
心ゆくまで語り、笑いあった思い出の時間。

ドン・フェイラ、ナンシー・フェイラ、著者(酒井 満)、茂代夫人
Photo／Melina Hammer

伝えたいこの仕事の精神性　本書の推薦にかえて

さまざまな縁が重なって、私たちはミスター・サカイと知り合うことができました。かれは私たちの本を何度も何度も読み、そして自分のグループの人たちにもすすめてくれ、その人たちも私たちの本の熱心な読者だということです。本当にうれしいことだと思います。なぜなら、このビジネスに国境はないということ、〝正しいやり方〟は世界共通だということを、かれが立派に証明してくれているからです。

サカイ・ミツルという人は、私たちが書いた本をとても上手に使い、そこにかれ独自の〝心〟あるいは〝脳〟というツールをプラスして、たいへんな成功を収めている人物です。

この夏、ハワイでかれと一緒に時間を過ごし、たくさんのことを語り合いましたが、その言葉の端々に、かれのリーダーとしての優れた資質を感じ取り、かれのセミナーに毎回多くの人が詰めかける理由がわかったような気がしました。

と同時に、かれとの出会いは、私たち二人に「ネットワークビジネスで大きな成功を収めるリーダーみんなが、共通して持っているものは何だろう?」と、改めて話し合うきっかけを与えてくれました。つまり、リーダーに欠かせない要素とは何か、ということです。

このことは、いままで何度となく二人の間で話題になっているテーマであり、また私たちが好んで繰り返しテーブルにのせるテーマでもあります。このことについて、私たちは世界中のさまざまな場所で、たいていは優れたリーダーに会って感動した夜、楽しく意見を戦わせてきました。そしてさんざん蛇行、脱線したあげく、毎回同じ答えに行き着くのですが、サカイさんに会ったあとも、やはり同じでした。その答えとは、〝どんな人をも包み込む大きな人間性〟というものです。

奇しくもこれは、サカイさんがこの本で一生懸命皆さんに伝えようとしている精神と重なる部分が大きいのではないでしょうか。かれは日本人ですから、もちろん日本独特の精神性を大事にしていることでしょう。〝正直〟という尊い姿勢も、アメリカより、日本のほうが接することが多いのではないかと思います。しかし、〝人と人〟によってのみ発展していくネットワークビジネスの世界では、それは極めて重要で、みんなが心がけなければいけないことです。

誤解から生まれる偏見にさらされつつも、人々が〝正直に〟仕事をしてきたからこそ、世界中にこのような大きな市場が生まれ、ネットワークビジネスは徐々に認知され、定着してきました。そして日本という国において、サカイさんがこんなにたくさんの理解者を生み、この素晴らしいビジネスを高い精神とともに伝えていることを、私たちは非常に頼もしく思い、心からの拍手を贈ります。

ミスター・サカイが選んだフォーエバーリビングプロダクツは、間違いのない会社であり、間違いのない製品を提供しています。私たちも長年この会社のことを見てきていますが、とても誠実で信頼のおけるネットワークビジネス企業です。この会社を選んだことも サカイさんの才能であり、幸運であるといえますが、そこまでならある程度調べれば誰にでも可能なこと。そこからどれだけ自分を生かし、伸ばすことができるか…、問題はそこです。

この本は、そこからの飛躍のための、大きなジャンプ台になってくれることでしょう。いい心をもって、上手に脳を使い、正しいやり方をする。それが自分の行きたいところへ早くたどり着くための、一番の方法。心をオープンにして、サカイさんの話に耳を傾けてみてください。きっとかれは、あなたの視野の枠を、あの茶目っ気たっぷりの笑顔と熱い語りで、大きく押し広げてくれることと思います。では、私たちのトーク編でまたお会いしましょう。

カリフォルニア州サンディエゴで　ドン・フェイラ、ナンシー・フェイラ

はじめに

これは、ぼく、酒井満という一人の男の人生――仕事、家庭、絶望、成功、そして夢――について書かれた本です。ぼくのことを知らない方は、この本を手にとってはみたけれど、この男の人生について読むことに、どんな意味があるのか、本代とこれを読むために費やす自分の時間に見合うだけのものなのか、と判断しかねていると思います。

答えは、ぼくにもわかりません。なぜなら、どんなにすごいことが書かれていても、その人にそれを受け取る準備ができていないときには、何も感じられないものだからです。それはその人の能力という意味ではなく、タイミングや、心の開き具合や、そういったことに左右されるものです。なんだってそうですよね。音楽でも、絵画でも、心に響くときと響かないときがある…、それと同じことです。

ぼくはこれまで、本に何度もピンチを救ってもらってきました。本がいまのぼくをつくったといってもいいくらいです。たとえば『信念の魔術』という本はぼくの人生をガラリと変え、その後の生き方を決定してくれた本です。それを新宿の書店で見つけて立ち読みしたとき、読んでいる間中、自分の脚がふるえっぱなしだったあの感覚を、ぼくはいまでもよく覚えています。

しかし、ぼくと同じ本を読んでも、その本にあまり影響を受けない人もいるでしょうし、また、なにがしかの影響を受けたとしても、ぼくほどの影響を受けた人はいないでしょう。つまり、本と受け手との関係は、受け手の状態、その瞬間瞬間で違ってくるということです。

ぼくの人生が、あなたの人生にどれほどの影響を与えるかはわからない。でも、ぼくは生きるための何らかのヒントになればと思っています。なぜなら、ぼくの人生はどん底から成功まで、あらゆるステージを網羅していますし、どの局面も乗り越えていまの奇跡的な人生があり、その奇跡的な人生を形成している土台、材料――つまりすべての要素は、〝心一つ〟という誰にでも調達可能なものだからです。

ぼくの仕事はネットワークビジネスです。ネットワークビジネスがなんたるかも、この本のなかで話していきます。この仕事を毛嫌いしている人も、ぜひ心を開いてしっかり読んでみてください。きっと毛嫌いする理由はないということがわかっていただけるはずです。

それから、ぼくはお金のこともどんどん話します。お金のことを云々するのは品がなく恥ずかしいことだと思う人もなかにはいらっしゃるでしょう。あさましいとか、いやしいと感じる人もいるかもしれない。でも、ぼくはあえてその話もしたいのです。なぜなら、ぼくはお金のことでほんとうに苦労をしましたから、ぼくの話が誰かのヒントになればいいと思うし、また〝なる〟と確信しています。

破産寸前の状態でネットワークビジネスに出会い、10年で〝月収1千万円達成〟、また、〝10年連続で年収1億円達成〟と、ぼくは自分の心一つでたどり着きました。もちろん平坦な道ではありませんが、たどり着けると信じていました。ここまでくる道中、山も谷もありましたが、折々に〝この方角で合っている〟という印を見つけながら歩くことができたので、不安になることもありませんでした。そしてその道標こそが、それぞれ絶妙なタイミングで出会った「本」だったのです。

ぼくの道は、自分だけの道であり、ほかの人が通る道とは違います。単なる一つのサンプルです。しかしその中には、あなたにも使える〝鍵〟がいくつも隠れています。これを読んで何も感じなかったら、一度本棚にしまい、また違うときに読んでみてください。何度も繰り返し読んでみてください。あなたの心の状態に応じて、読むたびに何かが心に引っ掛かり、読むたびに何かを発見してもらえることと思います。

今回はじめて自分の本を出すにあたり、とりわけ嬉しいのは、ぼくが敬愛するドン&ナンシー・フェイラ夫妻が、「ミスター・サカイと日本の読者のために…」と特別に寄稿してくださったことです。『2×2＝6』や『女性の出番』など、ネットワークビジネスの世界的指導者であるご夫妻の著書を、ぼくは、それこそ何度読み返したかわかりません。かれらのシンプルな信条、このビジネスと、そこに関わる人たちに注ぐ愛情、人生を思いきり楽しんでいる人だけがもつ、曇りのない笑顔と情熱…。著書をとおしてご夫妻の人柄に惚れこみ、また共鳴していたところ、二〇一〇年の夏、ハワイ・オアフ島で親しくお会いする機会をもつことができました。昼となく夜となく、〝この人生を生きる喜び〟を、時を忘れて語り尽し、その時間と対話は、70歳を目前にしたぼくに、さらなる新しい目標を指し示してくれました。

世界中の人々からセミナーや講演のラブコールを受け、「もっと家にいたいのにいられない」と笑って話してくれたドンとナンシーが、超多忙のなか寄せてくれた最新のトーク。時代を受けて深化した、お二人の〝人生を楽しむためのエッセンス〟は、ぼくだけでなく、きっとあなたの心にも響くことと思います。フェイラ夫妻に、この場を借りて心から感謝申しあげます。

この本は、ぼくの夢が実現した一つの形です。「話せるけど、書くのは苦手」というぼくの本作りは、20時間に及ぶインタビューから始まりました。その合間にはハワイでのフエイラ夫妻との歓談があり、そのすべてのステップが、これまでの自分を振り返ると同時に、これからの自分に改めて喝を入れ、希望を抱かせてくれる、かけがえのない体験となりました。とくに原稿化に際しては、編集の黒沢綾さんにたいへんお世話になりました。ぼくという人間に強い興味を持ち続け、最後まで伴走してくれた彼女に厚くお礼を申します。

あなたの人生に、ぼくの人生が何かをプレゼントできますように。
あなたにとってこの本が、ぼくの人生を救ってくれた何冊かの本のような存在になりますように…。

酒井　満

二〇一〇年　秋

20億円のビーチサンダルを履いた男　目次

20億円のビーチサンダルを履いた男

酒井満の潜在意識とネットワークビジネス

第一話　こころ・潜在意識

幼時の記憶…ぼくを抱く母へ、父のすさまじい怒声

ぼくはいま69歳。１００歳まで生きるつもりでいるけど、それにしてもあと30年で確実に人生の幕を閉じることになる。30歳のときの自分、40歳のときの自分より、いまの自分がいいと思うから、ぼくはこれからの70代、80代をすごく楽しみにしているんです。90代で自分のピークを迎えたいし、そのときの自分がどうなっているか、いまからほんとうに楽しみです。

「90代が人生のピーク？　何を言ってるんだろう、この人は？」と眉をひそめている方もいらっしゃるでしょう。しかし、ぼくの話をじっくり聞いてもらえれば、どうしてぼくがそんなふうに考えるのかがわかってもらえると思います。ぼくの話を読んでもらうにあたり、生い立ちや若いころのことを知っていてもらう必要があるので、まず、そこからお話

することにします。

ぼくは生まれは大阪ですが、3歳のころから19歳までのほとんどは、父の田舎である富山で暮らしました。うちは女系家族で、姉と妹にはさまれ、祖母と母がぼくをとても大事に育ててくれた記憶があります。唯一の男の子だから、期待もすごく大きかったんだと思う。

ただ、父親はぼくにとってはおそろしい存在で、小さいときから敵意をもっていました。親を憎んであたりまえ、と思っていましたね。

ぼくが一番最初に怒られた記憶。父が怒鳴っている場面。たぶん3歳くらいだったんじゃないかと思います。ぼくは泣いていて、母親がぼくをあやしにきた。そうしたらものすごい雷が落ちた。「てい子っ！　坊主を甘やかすなっ！」

そのあとの言葉は覚えていないけど、ぼくにとっては恐怖の一瞬だった。自分が泣いているときに、母がそばに来てくれ、優しく抱き上げてくれる…と思ったら、父のものすごい怒声。

父は教員だったせいか、ぼくは小学1年のときから勉強、勉強と押さえつけられました。そしてぼくの通信簿がちょっと悪いと父は不機嫌になり、ものすごく怖かったんです。

なかでも、心に一番鋭く突き刺さったのは小学5、6年生のときのこと。夏休みが近づいて、先生の引率で隣の県の羽咋《はくい》にキャンプに行くことになった。羽咋は、きれいな海岸で有名な場所。そこにテントを張ってキャンプをする。ぼくにとっては、親から離れて友達と1泊のキャンプなんて生まれてはじめてのことだから、ほんとうに楽しみだったんだ。いよいよキャンプの日が近づいてきたある日、ぼくは、キャンプファイヤーの薪を調達する係になってたから、その準備をしていた。

そうしたら父がきて、「おう、坊主、何してるんだ?」「薪を集めてる」「薪をどうするんだ?」「今度キャンプがあるから」。そう言ったか言わないうちに、バーンと怒鳴り声が飛んできた。「おまえは自分の1学期の通信簿を見ただろ! おまえにキャンプに行く資格はない!」。ぼくは父に、何も言い返せなかった。

怒られたことはたくさんあるけど、あのときのことは今でもよく覚えています。それまでにないほどワクワクして楽しみにしていたキャンプに〝行く資格がない〟と言われた…。子供のときのぼくにとっては非常に大きなショックでした。成績だって、ぼくはクラスで1番か2番だったと思うよ。でも、前の学期よりほんの少し下がっていた。それを理由に、子供から楽しみを奪った父親…。ぼくは、あのときの自分がかわいそうだと思うよ。子供の酒井満が、ね。

人間の性格っていうのはおもしろい。そういうふうに、いろんなことが影響して徐々につくられていくんです。こわい父親に対する恐怖感が強い憎しみに変わっていったのは、高校生になったころだったと思います。

父親とのことは、ぼくの人生にとても大きく影響しているからもう少し話すと、父親の父親、つまりおじいさんがなかなかすごい人だったそうです。富山県の小さな村の中の話だけど、ナンバー2の財産家だったらしい。ナンバー1は、いまでも有名な富山湾の網元。おじいさんは進取の気性の激しい人だったらしく、ここにいたらずっとナンバー2だ、こんな田舎にいたらだめだと、家や田畑を売り払い大阪に出た。さらに海外に目を向け、アメリカにまで行ったのに上陸寸前に病気になってしまい無念の思いで引き返してきたとか、その後は中国・上海に行ったとか、祖母がよく話してくれました。それで、今度は自分の子供たちに学問をさせようと、長男である父を医者に、ほかの子供たちは教育者にしようと考えたんです。

しかし、父は医者を目指すことはなく、大学の哲学科を選びました。父のかわりに長女である叔母が大阪で医者になり、祖父の死後、父は田舎に帰って中学校の先生になった。その頃には財産もなくなり、田舎に帰っても家もないわけだから、父は豊かで贅沢な子供時代から一転、長じて、いわゆる貧乏暮らしになったわけです。この辺から、なんとなくぼくも記憶してますけど、最初は祖母の実家、それからは父の学校が変わるたびに間借りしながら家族で転々としましたね。父は、きっと耐えられなかったんでしょう。その鬱憤が、ぼくに向かってきたんだと思います。

父は酒も飲まなければ遊びもしない、聖人みたいな人だった。教育者としては素晴らしかったんじゃないかな。自分みたいな思いをしてほしくないという思いから、勢いぼくには厳しくなるんだけど、子供にはそんなことわからないから、すごくこわかったし、それが親父への憎しみになってしまったんです。

父への憎しみ、東大をあきらめて新宿の夜の街に

ぼくは子供のころはいつも成績がよかった。もともと勉強するのは好きじゃないけど、中学校、そして高校1年まではよかったね。でも、高校2年くらいからだめになってきた。人のせいにはしたくないけど、父との葛藤もあって勉強にも集中できない。いままでたいして勉強もしないで出来てたのが、だんだん出来なくなってきて、同級生にどんどん追い越され、それで焦ってもくるし、もう追いつけないと思うとやる気にもならない。

おもしろいもので、〝もういいや〟と思ったが早いか、成績はどんどん落ちてくる。ぼ

くは東大に行きたかったけど、その成績ではとうてい無理。生意気なんだけど一流にしか興味がなかったから、地方の大学には行きたくなかったんです。それで東京工業大学を受けたものの、結果は不合格。京大をすべった親友が京都で浪人することになって、父に「ぼくも東京で浪人したい」と言うと、「うちにはそんな金はない」と。それだったら、ちっちゃな家にいて浪人してたって、父の顔見てイライラするだけ。19で家を出ました。事実上の勘当だよね。ぼくが勘当したのか、親父がしたのかはわからないけどね。

父親への憎しみと大学受験の失敗。あれは、まだ10代だったぼくの人生を狂わせるに十分なものだった。東大、京大など一流の大学にいった友達も多かったから、〝負けた〟という意識がすごく強かったね。負けは負け。そのことでグジグジするのはいやだったから、勉強以外の何かで勝たなくちゃいけないと思った。勝つためには、エリートコースを進むかれらのできないことをやろう、優秀なかれらが逆立ちしてもできないことをやってやろうと決意した。かれらがエリート大学で勉強している間、おれはどぶ板の下で生きてやろう。そして、かれらが社会に出るのと同じとき、おれもどぶ板をめくって社会に這い出してやろう、そう思った。

かれらは25くらいで社会人になるだろう。と同時におれはどぶから這い上がる。そうしたら金をつくって、まじめなかれらにはとうてい出来ないようなことをしてやろう。酒を飲んで遊び呆けてやろう。かれらの出来ない体験をして、そして30からが本当の勝負だ。そんな決意をするほどに負けたことが悔しかったし、大きな屈辱感を味わったんです。

家を出たら、父親に会わないだけで、気分は晴れ晴れ、スッキリした。お金があろうとなかろうと関係なかったね。最初の住み込みは、新宿三光町（現在の東新宿）のすだれの問屋さんの倉庫番。1年後には新宿歌舞伎町の喫茶のドアボーイ。そのあとは、同じく歌舞伎町の喫茶のバーテン…。苦労をして這い上がろうと思っていたのに、逆に、自分の人生がどんどん沈んでいくのがよくわかった。水商売に入ったらもうだめ。おれの人生は終わりだな…、そんなふうに、何もかもをあきらめるようになっていった。

ある日、どうなってもいいやという気持ちで、ナップサック一つ背負って横浜に行きました。船乗りにでもなって、海外でも行くか、と。山下公園をフラフラ歩いてたら、船乗りたちがたむろしてたんだけど、みんな腕っ節が強そうでね。こんな連中と一緒じゃたいへんだ、船乗りにはなれない、とそれもあきらめた(笑)。帰るところもないし泊まるところもないから、しかたなく伊勢佐木町をブラブラしてたんだけど、歌舞伎町でそういう臭覚が鍛えられてるから、得意なもんでね、〝東洋一〟と看板があった5階建ての喫茶店に

〝店員募集、住み込み可〟と書いてあるのを見つけ、ヒョイと入って、たまたまそこにいた社長に面接してもらい、すぐに採用されて、また住み込み。

そこでのぼくのあだなが傑作で、〝ボケ〟だったんです。いつも食事にいくところの給仕さんたちが、ぼくが行くと「ボケがきた」と言ってたらしい。「酒井さん、あんたのあだな知ってる?」「なんだい?」「ボケよ」ってね。うつろな目をしてたんだろうね。

そのころ、ある女性にほれられた。いつも喫茶店に来ていたお客さんで、なぜかバーテンのぼくを気に入ったらしい。かわいい顔しててね、彼女が結婚を前提につきあいたいと言ってきた。いい家の娘さんで頭もいい。ぼくは21か22。びっくりしたね。すごい熱心なんだよ。困ってさ。「ぼくには夢がある。いまのぼくは仮の姿だ。仮の姿に興味をもたれてもぼくは困るよ」と断った。「あなたは冷たい」って言われたよ。なんどもラブレターをもらったけど、ぼくには、女性と付き合っているひまもお金もなかったし、なんども断った。納得してくれなかったから、しかたなく逃げだしたんだ。

そういうこともあって、そろそろ堅気にならないといけないと考え始めた。でもぼくの経歴では堅気の仕事に就けないんです。そのとき一人だけ頼れる人がいて、すだれの問屋時代に知り合った山本さんという先輩。山本さんは、中学を卒業して、大阪で丁稚奉公したあと東京支店を任されていた人で、たまたまそのすだれの問屋さんに間借りをしてそこを事務所にしていた時期があった。「使ってやりたいけど、お前には何もないから、運転免許をとったら使ってやる」。それで東京に戻って免許をとるお金をつくるため、また喫茶のバーテン…。

19歳の倉庫番時代、ぼくは仕事が終わると、いつも新宿東口の〝らんぶる〟という名曲喫茶に好きなクラシック音楽を聴きに行っていた。70円のハイライトを1個買ってね。こづかいは全部それで消えてった。ぼくはベートーヴェンが好きで、いつも『運命』をリクエストする。でもクラシックは1曲が長いから、自分の番が回ってくるまで1時間か2時間待たなくちゃいけない。やっと自分の曲を聞き終わって帰ると11時。あのときは本を読む習慣がまだなくて、むしろ本なんて大嫌い。田舎での浪人中もそうだったね。勉強はろくにしないでボリュームをいっぱいにして音楽ばかり聴いてましたね。そのころの唯一の友は、ベートーヴェンの魂だったなぁ。ちょっとキザだけどね(笑)。

職場を転々、おれはこの社会では生きていけない…

山本さんに言われて運転免許をとるお金を稼ぐために勤めたのが、その〝らんぶる〟。免許をとって山本さんのところにいったら、「悪いけどおまえは使えない」「山本さんが言うから免許をとったのに」「おまえの言うことはわかる。自分も学歴はないけど、大阪で修業してやっとここまで来た。自分がいたところで丁稚奉公してみてはどうか」

丁稚奉公すれば、ぼくのひねくれた根性が直るかもしれない、それくらいの覚悟はあるか、と聞いてきたんです。ぼくは食うためと、水商売から足を洗いたい一心から、何でもやります、と。それで大阪にあるネジの会社で修業を始めた。でも1年勤めたところで先輩をぶんなぐってクビになっちゃった。

その会社を退社する前の日だったか、社長がぼくを食事に誘ってくれた。「酒井くん。ぼくは1年間あなたを観察してきたけど、ぼくにはあなたを使いこなせない。あなたは、よっぽどよくなるか悪くなるか、どちらかだろう。きみが憎くてやめさせるんじゃないよ」、そう言ってくれた。そして社長の長男の専務さんが自宅に誘ってくれて、応接間に飾ってあった壁飾りをその場で取り外し、「記念に、これを酒井くんにあげるよ」と渡してくれました。息子さんはそこに〝栄光への道〟と書いてくれてね。ぼくはびっくりして感動し、裏に自分でこう書いた。〝永遠に忘れることのできぬ感謝となるであろう。そして、我が勝利は約束された〟。ぼくが23のときのことです。以来、この壁飾りは、ぼくがどこに引っ越してもずっと一緒で、いまも、ぼくの事務所の応接間に飾ってあるよ。

クビにはなったけれど、社長も専務も、ぼくに何かを見てくれたんだろうと思う。二人の厚意にほんとうに感動したし、クビにはされたけれど、優しさをもらった。「酒井くん、きみはよくなるか悪くなるかどちらかだから、気をつけるんだよ」。この言葉は、ぼくの心に一生残るだろうね。ぼくはいっそのこと悪くなろうかと思った時期もあったけど、なりきれなかった。腕っ節にも自信がなかったし…。悪くなれないんだから、よくなるしかないと、どこかでそう思っていたと思いますね。

25歳の暮れだったかな、やっと10万円というお金ができた。ぼくは25でどぶから這い上がろうと思っていたから、10万円を元手に、新しい人生を始めよう、つまりアパートを借りて住み込みではない仕事をしようと思った。それまではどぶ板の下で生きてきたけど、25からは独立して、30までは金を稼いで思いっきり酒を飲んで遊ぼうと思った。それが目標だった。

ぼくは世間知らずでね、給料が高いと聞いて証券マンになろうと思った。あるいは車のセールスマン。でもああいうところは新卒しかとらないんだ。あるいは経歴のしっかりした人。ぼくは新卒でもなければ学歴もない、それまでバーテンと車の運転しかやってない…、それであきらめざるをえなかった。社会に出るといっても仕事がない。行くところがない。自分にはやっぱり住み込みしかないのか…。

そんなとき、夕刊で不動産業者の募集を見た。どんな仕事かもわからないけど、固定給が4万5千円とある。住み込みのときの給料は2万5千円。年齢不問、学歴不問、ぜんぶ不問。〝エーッ！　ほんと？〟と思ったの。でも、それに釣られて入ってみたら、4万5千円は最初の見習い期間の3ヵ月だけ。あとはぜんぶ完全歩合。売れなかったらゼロ。世間知らずだからそんなこと知らないんだよ。でもまあ、3ヵ月は食べていけるし、と思ってね。そのあと、先輩の手伝いをしたりしておこぼれをもらいながら食いつないで、1年半はなんとかやってみたけど、もう限界だった。ああ、おれはやっぱり社会では生きていけない人間なんだと、愕然とした。だって、食っていけないんだ。それに身寄りもない、後ろ盾もない、学歴ない、経験ない、何にもない。やっぱりおれには住み込みしかないんだなと思った。あのときほど孤独を感じたことはない。本当にさみしかった。だって、相談する人が一人もいないんだからね。

立ち読みした『信念の魔術』に足の震えが止まらなかった

ぼくは職場を転々としているから、友達ができない。親とは上京してから何年間も音信不通。人生はきつい。生きることは大変だ。やっぱり、親の言うことを聞くべきだったのか。地方の大学でもいいから、とにかく入るべきだったのか。でも、もう遅い。万事休すだ。また住み込みに戻ったらもう這い上がるのは無理だ…、そう思った。あのときは、ほんとうに自分の運命を呪いました。

家賃も払えないから、来月には引っ越さないといけない。そのころには、あとで話すけど、本を読む習慣がついていた。その日もなんとなく、仕事の帰りに新宿の小田急デパートの中の三省堂に足が向いた…。そこで、運命の本――『信念の魔術』(C・M・ブリストル著/ダイヤモンド社)――に出会ったんです。

なぜあのとき、あの本を手にとったのかはわからない。いま思うと、サブタイトルの〝成功と繁栄のための心理学〟という言葉がぼくを引き寄せたような気がする。〝魔術〟…?〝成功〟…? なんのことだろう、と思った。最初の1ページ、いや、最初の5行を読んだら、あれよあれよという間に、本のなかに引き込まれていきました。

「苦しい難関を無事乗り越えて、しかも、あわよくばすばらしい成功にいたるような、うまい方法はないものだろうか?」、エッ!と思って読み進める。「てっとり早くその方法がわかって、……なんであろうとかまわないのです。なにかの力とか、動力とか、迫力とか、……なにかそんな、重宝な秘法はないものでしょうか? 私は〝ある〟と確信しています」。いったい何を言ってるんだろう…?

読んでいくうち、あまりの驚きに本から目が離せなくなった。いまでもよく覚えてるけど、脚がブルブルと震えて、読んでいる間中、その震えが止まらなかった。半分くらい立ち読みして、閉店時間になっちゃったから、その本を買って帰り、アパートで残りの半分を読んだ。読み終わったときには、ぼくの周りにまったく新しい世界がひらけていた…、まさにそういう感覚だった。

ぼくの父親は学校の先生だったし、哲学を勉強していたから、いろんな話がうまかった。でもこんな話をしてくれたことはなかった。学校の先生も、あちこち行った職場の社長も先輩も、こんな話をする人はいなかった。ぼくがそれまで生きていた世界とは、まったく別の世界がその本の中にあった。

つまり、〝頭で考えることが実現する〟と、そういうことらしい。これはぼくにとって衝撃だった。すごいなー！　エーッ!?　この著者は嘘を言ってるんじゃないかとも思った。でも、頼る人もなく、孤独にうちひしがれていたぼくは、それを素直に信じる以外、ほかに生きる道がないこともわかっていたので、あくる日も読み返して〝おれはこれでいく！〟と決めた。勉強では負けたんだし、いまさら勉強で勝てないし、そもそも努力が嫌いだし、人脈もないんだから、もう、おれの成功は、この〝考えることが実現する〟という方法でしか叶えられない。人生は一回、後悔はしたくない。考えていることが実現するという潜在意識の力。この〝潜在意識〟に命を賭けようと、誰にも相談せずに心に誓ったんです。

もっとも、相談する人なんてどこにもいなかったけどね。それが逆によかったのかもしれない。一冊の本が運命を左右したという話をよく聞くけど、この体験がまさにそれだった。もう42年も前のことだけど、まるで昨日のことのように鮮やかに思い出せる。そのときの決意の気持ちは、今でもまったく変わっていませんね。

本を読む習慣がなかったぼくが、そのときなぜ本屋に行ったのか…。それもいま考えるとほんとうによくできた話なんだけどね。

22のころだと思う。〝らんぶる〟でバーテンをやってたときに、チーフがいないときはぼくがチーフのかわりをやっていた。60年安保闘争の余波もあってか、ちょっと過激な学生がアルバイトとして、どんどん入ってきたんだ。ボーイとか見習いバーテンとかね。当然ぼくのほうが経験があるから、学生相手に店を仕切っていた。ああいう仕事は、お客さんが来るときはひっきりなしなんだけど、来ないときはサーッと引いてひまになっちゃう。それでぼくがタバコを吸ってると、皿洗いをしてた学生アルバイトが話しかけてきた。

「先輩」「なんだよ」「学生運動の闘士…、理論…、マルクスが…、エンゲルスは…、弁証法的唯物論…、先輩はどう思いますか」

ぼくには何のことかサッパリわからない。内心すごくショックだった。そのころのぼくにとって、大学というのは東大や京大など一流大学。その学生が通ってたのは、〃なーんだ〃というような大学。でも、当時は、ぼくはかなり大学生に劣等感を持っていた。けれど同時に、たかが学生とも思っていたんだ。それなのに、その学生はえらく難しいことを言う。

そのとき、ぼくは顔には出さなかったけど、大学生っていうのはすごいなぁと感心してた。おれのぜんぜん知らないことを知ってるんだ、と。でもプライドがあるから「知らない」とは言えない。「おれは忙しいんだ、それ洗っとけ」とか言って逃げちゃった。あれはかなりショックだったね。おれは大学をすべったけど、これは学歴の問題じゃない。おれは〃ものを知らない〃んだ。おれはとんでもない間違いをしていたのかもしれない。学歴なんか今さらどうだっていい。だけど、かれらの言っていることがわからないようでは生きていけない、そう思った。

それでさっそく、仕事が終わってから近くの紀伊國屋書店に行った。たしかマルクスとか言ってたな…と、本棚を探してね。買ったのは、マルクスとエンゲルスによる『共産党宣言』。薄くて安かったから。出だしはね、たしかこんな感じ。「これまでのあらゆる社会の歴史は、階級闘争の歴史である」。すごい本だね。大学生はこんな難しい本を読んでるんだ、と驚いたね。それで、本を読まなくちゃだめだいうことに気づいたんだ。

弁証法的唯物論なんかもおもしろかった。そこから本にのめり込んでいった。大学なんか行かなくてもいいんだ。本を読めばいいんだ。もし、あのとき皿を洗っていた学生との会話がなかったら、ぼくはずっと本を読まなかったかもしれない。かれの顔はいまでも覚えてますよ。ほんとうに人生というのは、要所要所にそういう現象が必ず起きるんだよね。ユングの言葉だと〝シンクロニシティ〟っていうんだけどね。それが本を読む習慣が身についたきっかけ。それからは、片時も本を手放せなくなったね。

話をもとに戻すと、『信念の魔術』を読んで、これをやってみよう、あれをやってみようと次々に実践を始めた。不動産業が合わずに万事休す、また住み込みに逆戻りか、というときに出会った本でしょう。実践しだしたら、不動産でお金が入ってきたんです。

当時やっていたのは、飛び込み営業でお客さんを開拓するたいへんな仕事。毎日20軒、30軒と飛び込みして、どうにかアポをとる。夜の9時、10時まで働くのなんてあたりまえ。だって、昼間はたいがい旦那さんはいないからね。奥さんに「主人はいません。〇時ごろ帰ります」と言われたら、またその時間に出直していく。商店街だと「いま忙しい！」と怒鳴られて、「何時ごろならいいですか」と食い下がる。だから実際の仕事はすべて夜。昼間は可能性のありそうなところを探してね。

先輩が、「この商店街の左側は酒井」と割り振る。そうすると、名刺をもってしらみつぶしに飛び込み営業。先輩が見てるからさぼれないんだよ。『信念の魔術』を読んだときはその仕事を始めて1年半ぐらいたっていたから、なんとなくコツはつかんでた。名刺の出し方や、あいさつのしかた。そのうち、先輩任せではなく、自分で営業に行く場所を決めることもできるようになってきた。ある日、これは飛び込んだところがよかったんだね、そこの電気屋さんのご主人がぼくの話を熱心に聞いてくれ、何日かして土地を買ってくれて、そして、初めての歩合を手にした。この本を読んで、書いてあることを実践してから何かが変わっていくのがわかった。それでお金も入るようになったんだ。

ぼくは25でどぶ板をめくって社会に出たら、30までは金儲けをして遊ぼうと考えていた。でも25からは稼げなくて、28から稼ぎだした。30までの3年間は遊び呆けて、大金を使いましたよ。それで30になったとき、ふと、19のときの誓い〝30からが勝負〟を思いだした。もうおれも30か…、遊んでなんかいられないぞ、何とかしなきゃ、という焦りが生じた。そのころは、30にもなると友達はほとんど結婚してたてね。ぼくは遊びが好きだから結婚なんて考えてなかったんだけど、やっぱり父親の遺伝子を受け継いでいるせいか哲学的な頭をもってるんだね。ふとした瞬間に、〝何のためにこの世に生まれてきたんだろう〟、そんなことを考えるようになったんだ。

せめて子孫を、紙に〝愛する妻〟と書いて声に出す

自分はこの人生では成功できないかもしれない。自分が成功できなくてもかまわない。それはしかたない。でも、人間っていうのは、突然生まれてくるわけではなく、ぼくにも両親がいたし、両親にもまた親がいて、それがずーっとつながっているわけで、もっと言えば猿から進化してきて、どこかで途切れていたらぼくは生まれていなかったわけだ。父親が憎いとしてもこれは別問題だ。生物としてのバトンタッチくらいしておかないと、自分はこの世にせっかく生を受けたのに申し訳が立たない。それに、ぼくが成功できないとしても、ぼくが死んだあとに、自分の子供が、あるいは何世代か先の自分の子孫が大成功すれば、結局ぼくが成功したのと同じじゃないか、そんなふうに思った。自分の成功はないと思ったときに、子孫だけは残そう、手を打っておこうと、そういう考えに至ったんだ。

ぼくはこういう人間だから、結婚となると相手が非常に難しい。年をとればとるほどよけいに難しくなるだろうし、あと少しで31になっちゃうから、年内に結婚しようと考えた。そんなときに今度は、運がいいねえ、『巨富を築く13の条件』（ナポレオン・ヒル著／実業之日本社）という本に出会った。そして、そこに書いてあるとおりに実践してみた。願望を紙に書く。それを毎日朝晩声に出して読む。この本に出会ったのが7月、そしてぼくは10月に、鵜木茂代という女性と奇跡的な結婚をした…。

8月のお盆に、おふくろが富山から出てきて、「お前まだ一人なの?」。母親というものは、やっぱり息子のことが心配なんですよね。「おまえは気むずかしいから…、わがままだから…」と、半分あきらめていたようだけど。そのころ、東京に出て美容師として働いていた妹も一緒になって「お兄ちゃんみたいのにはお嫁さんはこない」。ふだんはお説教じみたことを言わないおふくろがあんまりしつこく言うものだから、ぼくも頭にきちゃってね。「結婚するよ！」「だっておまえ、相手はいるの?」「いないよ」「いないのに、どうやって結婚できるの?」「うるさい！ 結婚するって言ったらするんだよ！」

そう言ったら、おふくろは黙っちゃって、田舎に帰っていったよ。それで、あんなこと言っちゃったけどどうしよう、相手なんかいないし、こうなったら本のとおりにやってみよう、と。おふくろには啖呵《たんか》切っちゃったし、何より自分自身も結婚したかったしね。

願いは具体的にしておくことが大事。それから、〝いつまでに〟という期日もね。ぼくの結婚の条件は、3カ月以内、相手は二十歳《はたち》で、視力は両眼とも1・5、そしてぼくの言うことに何でも「ハイハイ」と従うこと。ぼくは30だったけど、相手は二十歳がよかった。なぜかというと、二十歳なら世の中のことがまだよくわからず、すれてないでしょう。だからぼくの言うことを何でもハイハイ聞くはずだ。ぼくはわがままだから、いちいち反論されてたら続かない。そしてぼくは近眼だったから、視力のいい子がよかったんだ。

願望と期日と、3つの条件を紙に書き出したあと、それらを一言で表す言葉を〝愛する妻〟と決めた。それから、紙に10行〝愛する妻〟と書いて出来上がり。次に、その紙を見て、朝に晩に10回から15回、声に出して読んでいたんです。それが自分の思いを実現する方法だと本に書いてあったから。ただ思っているだけではだめ。自分の潜在意識のすごく深いところまで思いを沈めていかないと、それが現象とはならない。そのためには願望を紙に書いて、朝晩声に出して読むことが一番簡単で手っとり早いんだよね。

このことはあとでゆっくり説明するとして、とにかく毎日それをやり続けて、そして1ヵ月ほどたった9月中旬ごろ、妹がぼくのアパートに遊びに来て、こう言うんだ。

「お兄ちゃん、私今度、ホテルニューオータニの美容室にいくことになったの」

妹は独立したいと思っていて、その前にもう一度腕を上げたいと、ホテルニューオータニ（東京都千代田区）を選んだらしい。それを聞いた瞬間、ぼくはひらめいた。

「そこにおれの結婚の相手がいる！」

「なに、バカなこと言ってるの。私は自分の勉強にいくの。お兄ちゃんの結婚は関係ないでしょ」

そりゃそうなんだけど、でもぼくにはわかってた。これは〝直感〟ですよ。ぼくは、本を読んで実践して、自分の〝潜在意識〟というものを鍛えてたからね、そのころには、そういうことが直感でわかるようになっていた。妹は大笑いしてたけど。それから一週間がたって、「どう?」と聞くと、「だめだめ。二十歳の子なんていないわよ」「おかしいなあ」ぼくはぼくで、毎日朝晩〝愛する妻〟を続けてた。また一週間たって妹に聞いてみたら、「お兄ちゃん、今度かわいい子が入ったわよ」「だから言っただろう!」「何言ってるの、入っただけよ。またお兄ちゃんのへんなくせが始まった」

また一週間たって、妹が電話してきた。「私、ニューオータニやめちゃった」「え!　なんで!　あの子は、どうなるんだよ」「なによ、私はお兄ちゃんの結婚相手を探しにいったんじゃないんだから、そんなの私の勝手でしょ」。そりゃそうなんだけど、ぼくには何か納得がいかなかった。

それから数日して、また妹から電話。「この間話した子が、今度私のアパートに遊びにくることになったわよ」「いつ?　じゃあおれ、そのとき会いに行くよ」。一方でぼくは、相変わらず朝晩〝愛する妻〟をやってた。それでその日が来たわけだけど、ぼくは酒飲みだったから、当然その晩もお酒を飲んでる。仲間と一緒に、芸者を呼んで中野新橋でどんちゃん騒ぎをしてたんだ。昔は1升(1・8リットル)近くは飲んでいたからね。

時計を見ると9時。そろそろ妹のところに行かなくちゃと思うんだけど、酒を飲みだすと時間がたつのが早いんだよね。９時だと思ってたのが、気づけば10時、11時、ついには12時近くになってしまっていた。今から行くのもなぁ、なんて酔った頭で考えつつ、いいや、行っちゃえ！　と。携帯電話も何もない時代だからね。

もうその子は帰っちゃったかもしれないし、いたとしても二人とももう寝てるかもしれない。でもとにかく行っちゃえ、と。着いたら部屋に明かりがついてたから、トントンとノックした。「お兄ちゃん？」「おう」。ドアを開けると、女の子が鏡の前に座って、妹がその子の髪の毛で練習してたんだね。「お兄ちゃんったら、なによ、こんなに遅く！」。ぼくは立っていられないくらい酔っ払ってたんだけど、鏡の前に座った女の子が、「こんばんは」と振り向いてあいさつしてくれた。それがかわいい顔してさ、その瞬間に〝あ、この子だ〟と思った。

それでぼくは酔いが一気に醒めたんだ。こんな姿を見せちゃいけないと思った。といっても、もう遅いんだけどね(笑)。それで、すぐに「帰る」と部屋から出た。妹がドアの外まで出てきて、「お兄ちゃん何なのよ、そんなに酔っ払って」「おい、あの子に結婚申し込んでおけ」「なにバカなこと言ってるの。おかしいんじゃないの。こんな遅くに酔っ払ってきて、いきなり結婚なんて。だったら、自分で言えばいいでしょ！」「いいから伝えとけ！」。妹はカンカンに怒ってた。あくる日、二日酔いの頭で妹に電話したら、「お兄ちゃん、すごい！　彼女、〝うん〟って言ったわ！」

〝ひたすら聞く〟ことで巌のような彼女の父を陥落

お互いに「こんばんは」しか言ってない。そのうえぼくはろれつも回っていなかった。人間って、わからないもんだね。それから10日後に、新婚旅行に行っちゃったんだから。新婚旅行までに会ったのは、ほんの数回。「こんばんは」と言っただけで結婚を決めたとはいえ、結婚というものはすごく大事じゃないですか。だからぼく、彼女の両親には1回くらい会おうと思ったの。どういう生活をしているのか。そして食べものが一番気になった。お母さんに会えばさっと何か食べさせてくれるだろう。その味が知りたかった。それに、お父さんはどういう人なのか…。ぼくは、こういうときの行動は早いんで、それから1週間もしないうちに、新幹線で大阪に住んでた両親を訪ねて行ったら、娘がボーイフレンドを連れてきたという感じで「よく来たね」と迎えてくれた。食事の時間になって、お母さんと茂代が用意している間に、ぼくはお父さんと話してたんだけど、そのときの会話がおもしろい。

お父さんは、将来、結婚もあるかもしれないと考えたんだろうね。「あなたは、女性関係はどうなんですか」。ずいぶんフランクなお父さんだよね。ぼくもざっくばらんで何でも隠さず話しちゃうから、「ぼくは芸者遊びが好きでして」。そのあとのお父さんの返事がよかった。「ああ、そりゃあいいことですな」。ぼくも「ええ」と答えた。「いまはどうですか?」「もうすべて縁は切れましたよ」「そりゃいいことですな」。そんな会話があった。ぼくは、このお父さんはすごいと思ったね。

料理ができて、とんかつとキャベツとごはん。このお母さんの味付けはぼくの味覚にぴったりだから、茂代もきっと大丈夫だろうと、そう思った。それで大阪から帰った翌日に結婚。ぼくは形式的なことはきらいだったし、余分なお金もなかったし、結婚式は考えもしなかった。でも茂代が花嫁衣裳を着たいというから、新宿の写真屋さんで貸衣装で写真だけ撮ったんだ。ぼくも紋付袴で。そのあと役所に届けを出して、ぼくたちは正式な夫婦になり、その二日後になんの予約もなしに、北海道に新婚旅行に行くことにした。

ところが、彼女が実家に「結婚した」と報告すると、お父さんが驚いたというか、怒ったというか。新婚旅行に行こうという前の日、茂代が暗い声で電話してきて、「新婚旅行には行けない。お父さんが煮えくり返って私を大阪に連れて帰るって、いま私のアパートに来てるの。昔気質で頑固な人だから、一度だめと言ったらだめ。だから、明日の新婚旅行は行けない」と言う。

こっちも、驚いたのなんの。「おれもそっちへ行くよ」「来てもだめだと思う」。彼女は高田馬場にいて、ぼくは新宿の近くに住んでいた。

　とにかくぼくは彼女のアパートに行ってみた。茂代が玄関の前で悲しそうな顔をして待っていた。ぼくは部屋に入る前に、さて、この親父さんをどうやって説得しようかと考えた。いざとなると、ぼくはよくひらめくからね。それに、ぼくはこういうときのためにたくさんの本を読んでいる。で、頭のなかで戦術を練った。

　アパートの玄関に入ったとき、『人を動かす』（山口博著／創元社）という本の中にあった〝人を説得する法／しゃべらせる〟のページがパッと頭にひらめいた。〝絶対に議論をせずに、徹底的に相手にしゃべらせる…〟。よし、これでいこうと。心配顔の茂代に「大丈夫！」と一言いって、カンカンに怒っている親父さんの待つ部屋に入った。

　お父さんは煮えくり返ってる。2、3日前に大阪で会ったときとはまったく違う顔つき。ぼくは正座をして、おじぎをして、ただ、黙ってお父さんの言うことを聞く準備をした。お父さんが話しはじめた。

「あなたはいくつかね」

「30です」

「30になったら物事の道理がわかるだろう。結婚っていうのは段取りがある。それを会って1週間でなんて論外だ」

正しいよね。正論なんだよ。ぼくはずっと正座をして「はい」「はい」と聞いていた。だって、お父さんの言うことは正しいんだから反論できない。若干の言い分はあったけど、でも何も言わなかった。絶対に言っちゃいけないと思った。

そうして1時間くらいたつと、お父さんの態度がだんだん変わってきたんだ。柔らかくなってきた。

ぼくはいまでもそうだけど、物事を善悪で判断するのが嫌いなんです。なぜなら、ほとんどの場合、どちらも正しいんですよ。100人いたら100人正しい。ただ立場が違うから表現が違うだけ。これはぼくの哲学です。〝みんな、それぞれ、正しい〟。〝泥棒にも三分の道理〟じゃないけど、ぼくにはそういう感覚があるんだよね。物事、善悪だけでは片づけられないんだよ。

ここでの課題は、この場で、お父さんにぼくたちの結婚をゆるしてもらうこと。それが目標で、議論に勝つことが目標じゃないんです。そこを勘違いしちゃいけない。お父さんが、ついに「ところであなたはお酒は好きか」と聞いてきたとき、〝勝った！〟と思ったね。どんなに手強い相手でも、1時間も真剣に話を聞いて、ひたすら「はい」「はい」と言っていれば、心が動くもんだよ。

ぼくはこういう1対1の勝負を不動産業のときにも何度も経験してるからね。宮本武蔵の心境ですよ。暴力じゃない勝負のしかたは心得てる。そして、最後にお父さんは、「よし、わかった。明日、おまえたちは新婚旅行に行ってこい。わしは、おまえたちが帰るまで、ここで待ってる」と。ぼくは心の中では飛びあがりたい心境だったけれど、それはぜんぜん見せなかった。ただ、静かに「はい」と返事をした。

こういう人には〝じゃべらせる〟という戦術が一番だと、これも本を読んでいたおかげだよね。ぼくの頭から出たことじゃなく、すべて本から得た情報。ぼくのような人間一人が考え出せることなんてたかが知れてる。お父さんと話し終わって茂代に報告したら、信じられないというような顔をしてる。「えー！　行けるの？　旅行に？　あんなに怒ってたお父さんがいいって言ったの？」。そうして、はじめて茂代の顔を見てから10日後に、新婚旅行に出発しました。

この話をするとね、みんなが茂代に「どうしてあのとき、ウンと言ったの？」と聞く。茂代は、自分でもよくわからないと言ってますね。新婚旅行から帰ってしばらくして、「あれ、へんだな。なんでこのへんなおじさんと結婚したんだろう」と思ったたって(笑)。二十歳になったばかりの子にしたら30歳はおじさんだよね。ぼくたちの結婚の話は、他人が聞くと驚くかもしれないけど、人生にはこういうことが本当に多いんです。そこかしこでいろんな化学反応が起きている。

でも、常識的な世界にどっぷり浸っていると、そういうことが感じられなくなるんだよね。非日常的なことに反応できなくなる。ぼくはそれが感じられるということなんだ。それは、ぼくは常識的なことは好きじゃないし、ユングの本などで、こういうことが実際にあるということを読んで知っているから。〝これがそうか〟とすぐにわかるし、確信できるんだ。本で裏づけがとれるから、納得できる。そうするとその体験は、確実に自分のものになっていきます。

借金4千万、自殺を思い止まらせた〝ゆるし〟の力

体験だけしても、裏づけがないとすぐに消えてしまう。〝そういえばそんなこともあったな〟ってね。だから、体験プラス裏づけ、このコンビネーションが大事なんです。

〝ああ、これはぼくだけに起きる現象じゃなくて、こういうことが起こる世界に自分たちは生きているんだ〟ということを頭で知り、からだで確認しなければ。科学的ではないかもしれないけれど、そういうものを感じ取って、自分のものになるまで毎日毎日実践するのがぼくのやり方。科学で証明できるものの中だけで生きるなんて、なんだか窮屈だと思うよね。

　このあと、ぼくは43歳で、人生のどん底からネットワークビジネスに取り組み始めるんだけど、そのときの〝ひらめき〟も外から見れば突拍子もないものだった。フォーエバーリビングプロダクツという会社のアロエゼリーを、やけどをした足の裏につけたら翌朝痛みがまったく消えていた。それで、瞬間的に〝おれはこれを仕事にして、月収1千万をとる！〟と自分に誓ったんです。やけどがよくなったくらいで、ふつうはそんなこと考えないよね(笑)。潜在意識について学んだりいろんな体験をしているうち、そういうひらめきが出やすくなったんでしょうね。

　そしてその10年後に月収1千万円を実現するんだけど、はじめからぼくには〝できる〟という直感があった。自分がそのお金を手にしたいんだから、その思いがすごく強いんだから、絶対に潜在意識(神)がぼくをそこへ導いてくれるはずだと思った。そこへ到達する道筋なんかはまるで見当がつかなかったけど、ぼくには〝ゆるし〟という強力な体験があるんだから、きっと辿り着けると信じることができた。

　ネットワークビジネスで月収1千万円を得ることと〝ゆるし〟とは、何の関係があるのかと、不思議に思う人もいるかもしれないけど、ぼくにとっては、この二つには非常に密接な関係があるのです。とくに潜在意識の理解を深め、自分自身の殻を破って奇跡的な体験をしていくには、ゆるしは不可欠なんだ。

〝ゆるし〟というと、宗教を連想する人が多いけど、ぼくに言わせれば、心理学の分野だね。実際ぼくは、『自己実現』（S・J・ウォーナー著／ダイヤモンド社）を読んで、ゆるしの重要性を知った。ぼくの場合は、父に対する憎しみが心の奥に潜んでいたから、成功するためにはそれを解放することが必要だと気づいたね。

そう気づいてから15年ほどたって、やっと父をゆるせた。その話をしましょう。

結婚直後に家を建て、それから不動産の仕事で独立、男の子が二人生まれ、と順調だったんですが、もともと不動産の仕事が向かなかったのか、毎月毎月の資金繰りがたいへんになっていき、40近くになったときには、徐々に借金が増えてきて、そのうえ、苦し紛れの嘘をつかざるをえないときもあり、罪の意識も出てくるようになりましたね。

もともと、ぼくは弱い人間だったのか内向的な人間だったのか、死というものをよく意識しました。一番最初は小学4年のとき、つぎは田舎で浪人をしていた19のとき、それぞれ理由はあったんですが、40近くになって死を意識したのは仕事が行き詰まってきたから。まあ、考えてみれば、19のとき上京してからずーっと、いきあたりばったりの人生だったような気もするね。ただ、生きてることに必死というか。

そんな時期も、潜在意識の本は読み続けていた。それと、27歳のときにたまたま知った坐禅ね。坐禅もいつのまにかぼくの日課になっていた。

でも、40近くになってそんな経済状態じゃ人生そのものに自信がなくなってくるよね。何の技術もないし、これからどうやって食っていくんだ。家も抵当に入るは、借金はじわじわ増えてくるは…。もう子供も乳飲み子ではなし、ぼくが死んでもこの子たちはなんとか生きていかれるだろうと、そんな感覚になりつつあった。

家族がいたから、なんとかしなければと金策に走りながら食いつないではいたけど、27のときと同じように、自分の運命を呪いはじめましたね。

不動産がうまくいかないから、ほかの仕事もいろいろやってはみたけど、焼け石に水だった。だんだんあきらめの気持ちが大きくなって、家も手放し、ついには借金が4千万近くに膨れ上がった。サラ金に手を出す。さらに、家賃の滞納の始まったときは、生きた心地はしなかったですね。〝もういいや〟と思いました。

ぼくは、この社会には受け入れてもらえない。潜在意識がわかっていても、うまくいかなかった。それにぼくに合う仕事がなかった。従来の仕事は自分には合わない。ぼくの出番じゃない。世の中が間違ってるのか、ぼくが間違ってるのか、どちらにしても、世の中とぼくとは合わない。現に借金ばかり増えてるんだから、もうこの人生は終わりにしよう、そう決意して、子供たちに遺言を書いた。

1984年の7月の後半にさしかかったころは、もう観念してたと思う。何をする気力もなかったね。いつものように日向ぼっこをしながらぼんやりしてたら、ふと、おれが死んだら父親は悲しむだろうなあという思いが頭をよぎった。

父親の顔が幻覚のように浮かんで、遠くに消えていくような気がした。〝ああ、おれは死んでしまうんだ〟。そのとき、なんだか懐かしさなのか、寂しさなのか、父にももう会えないと思い、〝お父さん、先に死んでごめんなさい、勘弁してください〟と、心のなかでつぶやいた。涙が出た。

そうしたらその瞬間、あれほど憎かった父親が、まったく憎くなくなったんだ。もう自分は死ぬんだから、これ以上憎んだところで意味はない。それよりも〝ごめんなさい〟という気持ちになった。そうしたら、父親をゆるせたんだ。小学校のとき、あんなに楽しみにしていたキャンプに行かせてくれなかったけど、そんなことはもういいよ。おれはもう死ぬんだから。人生は幻だよ。幻なんだから、キャンプに行けなかったことなんてどうでもいい。ましておれが先に死ぬということは、おれが父を否定して憎んだことよりも、もっと大きな悲しみを父に与えることになる。そして、両親からもらった命を自分で絶つんだから、ぼくの方が「ゆるしてください」と両親に謝るのがほんとうじゃないかと思ったんだ。そこまで思い至ったら、ふーっと心が楽になり、言いようのない解放感に満たされ、そして思った。〝生きているのがあと一週間しかなくても、最後の一週間はほんとうのサカイミツルで生きよう！〟

あのときの感覚はほんとうに不思議なものだった。

父親の血なのか、ぼくは昔から考えるのが好きだった。そして、27のときに本で潜在意識に出会ったときから、それがぼくのライフワークになった。死のうと思った43のときには、すでに16年間も潜在意識について学んでいたわけだけど、もっとも衝撃だった出会いは、『自己実現』で気づかされた心のからくりだったね。〝親をゆるさなければ、あなたは知らず知らず自己敗北の行動をとりつづける〟という心のからくりだ。そのときは、そのとおりだ、父をゆるさなくちゃいけないと思ったけど、そう簡単にはいかないもんだね。

でも、成功したければ父をゆるさなくちゃならないという思いが潜在意識に植え付けられて、徐々に父親をゆるすように導かれたんだろうね。自殺しなきゃならない状況に陥ったのも、その一つの過程。潜在意識は強力で強制的だというけど、すごいことをするよね。

だって、死に直面しなきゃ、父をゆるすなんて、ぼくにはできるわけなかったよ。父をゆるすために、ぼくに与えられた試練だったんだろうね。

そして、潜在意識（神）は反応した。一週間後、奇跡的な現象が起きた！

強いひらめき〝このアロエで月収1千万！〟

ぼくが４千万の借金を抱えて死のうと思ったのは、43歳の夏だった。死を決意したときに、ちょうど子供たちの夏休みが始まりました。うちは男の子二人で、いつもはみんなで田舎に行ったりしてたんだけど、そのときはお金がなくて田舎にも行かれない。でも子供たちはそんなこと知らないから、夏休みが始まったらどこかに連れて行ってもらえると思っている。それで、子供たちの楽しみまで奪っちゃいけないから、キャンプに行くことにしたんだ。キャンプだったらお金はかからない。で、なけなしのお金でガソリンを満タンにして出発した。そのときは、キャンプから帰ったら自分は死ぬんだという思いでね。子供たち宛ての遺言も書いた。茂代もかわいそうだけれど、彼女の場合はいくら若かったとはいえ、一応自分で決めてぼくと結婚したわけだからね。でも子供たちはそうじゃない。ぼくのところに生まれてくるのを選んだわけではないんだから、本当に申し訳ないという気持ちでいっぱいだった。

それでキャンプに行ったんだけど、茂代がぼくのビーチサンダルを持ってくるのを忘れてね。買おうと思ったけど、そのときのわが家の全財産は、小銭入れの中のたった数百円。それで１８０円のビーチサンダルが買えなかったわけよ。だってビーチサンダルを買っちゃったら、子供たちの缶ジュースが買えなくなっちゃうからね。それでキャンプ場から浜辺まで、太陽で焼けたアスファルトの上を裸足で行ったり来たりしていたら、足の裏にやけどをした。ただでさえ絶望してるのに、そのうえやけどして、歩くと痛くて…。たまたま、フォーエバーのアロエゼリーを持っていってたんだ。また、これも不思議なことだけど、その一ヵ月前に、間々田さんに誘われてフォーエバーリビングプロダクツ社のアロエベラの講演会にいってたんです。その講演は、興奮して思わず拍手するほどのものだった。それがヒントになって、〝そうだ〟と思ってつけてみたんです。

そして次の朝起きて歩いてみると、ぜんぜん痛みを感じない。昨日のやけどは勘違いかな、と思ったくらい。でも、体をかがめて足の裏を見たら、1センチ大の黒くなったやけどのあとが確かにあるんですよ。なのに、触ってもたたいてもぜんぜん痛くない。〝えっ？　治った？　こんなことはありえない!?〟と思った瞬間、背骨に衝撃が走った。〝これがおまえの仕事だ！〟神の声が聞こえたような気がした。そのときぼくは、〝これだ！よし！　月収1千万！〟と心の底で叫びました。そしてそばにいた茂代にこう言った。「これは、フォーエバーの仕事をする。月収1千万とってみせる！」

茂代はぼくが何を言ってるかわかっていないようだったなあ。まだ何も起きてないのに、相変わらず4千万円の借金はあるのに、ぼくの心は一瞬で絶望から救われたんです。

ふつう、やけどが治ったとしても、〝アロエはすごいな〟くらいのものでしょう。誰がそこで「月収1千万！」と叫ぶ？(笑)。しかし、ぼくにとっては、アロエベラの力を実感した一瞬は衝撃だった。それまで8ヵ月もの間、近所の間々田さんが毎日のようにすすめてくれていたフォーエバーの仕事。アロエベラの商品を扱うこの仕事を、自分がやるとは夢にも思ってなかったけどね(笑)。

左脳ではこのネットワークビジネスの可能性を理解していても、右脳が〝うん〟と言わなかった。でもやけどの奇跡的な体験で右脳に刺激がいった。そして〝これだ！〟とひらめいた。右脳と左脳の絶妙な連携。もし、左脳で事前に間々田さんからのいろんな情報を理解してなかったら、単純にやけどがよくなってよかったな、で終わってただろうね。これを仕事にしようなんて思いもしなかったな。

やけどをしたときは泣きっ面に蜂だったよ。もう頭にきちゃってさ。茂代がぼくのビーチサンダルを忘れたことも、ビーチサンダルを買うお金がなかったことも、すべてが情けなくてうらめしかった。それでたまたまアロエのゼリーがあったから軽い気持ちでつけた。そしたら、奇跡が起きた。そのときは、シンクロニシティって言葉も知らなかった。でも、そのときのぼくにとっては、その現象は偶然をこえていた。体が反応して衝撃を受けた。その後、ユングのシンクロニシティを学んで、あらためて人間の心の働きはすごいと思った。この感覚わかるかなぁ。ちょっと難しいけど、ユングは、『自然現象と心の構造』(海鳴社）のなかで、13世紀のドイツのある哲学者の言葉を紹介している。〝魂が強烈に欲するならどんなものでも、それによっていろいろな現象が造り出される。魂がその目論みを持って行うものはすべて、魂が望むものへの動力と効能を有している〟

矛盾しているように聞こえるかもしれないけど、死ぬ覚悟を決めていたのに、ぼくは最後まで、もしかしたら何かが救ってくれるかもしれないと思っていた。完全なるあきらめの境地での、一筋の希望というかね。このまま死んでしまうのは何かが違うんじゃないか…、そう思っていた。最後までそう思えたのも、潜在意識を学んでいたからだよね。だからやけどの痛みが消えたのに気づいたとき、背骨に電気が走ったんだ。〝これが神からの応答だ！〟と。〝生きているうちに、神よ、奇跡を！〟という思いがあった。そして、ゆるせなかった父をゆるせたことで神（潜在意識）が反応した…。

そのときは社会で生きていくことをあきらめ始めて1ヵ月くらいたっていたし、10日くらい前からは完全に力が抜けていて。だから、心の深みで憎しみ続けていた父をゆるすこともできたんでしょうね。父をゆるせたことで自分の運命を受け入れることもできた。運命を受け入れていたから、〝これが、おれの仕事〟とひらめいたと思う。心の力を抜いていたから、神の声をキャッチすることができた。力が入っていたらわからないですよ。奇跡が起きる準備が整っていたということなんだろうね。不思議だね…。

でも、いくら力が抜けているといっても、苦しいことは苦しい。とくに家賃の滞納はきつかった。二度と味わいたくないね。運命を受け入れてはいても、ほんとうに苦しかった。だから、キャンプ場で月収1千万をとるぞ！と自分に誓ったあの瞬間は、冬山の岩壁で凍死する寸前に太陽の光に包まれたような、そんな感覚があったよね。

〝月収1千万！〟と叫んだからには、キャンプ場になんていられない(笑)。あと1泊する予定だったけど、子供たちに「お父さんは仕事の用事ができて、どうしても帰らなくちゃいけない。大丈夫？」と言ったら、二人とも素直に「うん」と言ってくれた。それで、その日の午後には家に帰った。翌日、間々田さんに「おれ、やるよ」。間々田さんは8ヵ月間ぼくを誘い続け、断られ続けていたからびっくりしてたね。「何があったんですか？」ってね(笑)。でも、ぼくはどんなにお金が儲かると聞かされても、キャンプでのあのやけどの体験をしなければやらなかった。あのキャンプ場での衝撃的な体験が、〝月収1千万！〟の叫びになったんだ。

思いの力が弾けて嘘のない仕事に出会った

ネットワークビジネスの世界では、その仕事や商品を自分に紹介してくれた人のことを一般に〝スポンサー〟と呼ぶんです。だから、間々田さんがぼくのスポンサー。ぼくよりも8つ年下の、当時はまだ青年だった。ぼくと同じ〝ミツル〟という名前でね。そして間々田さんの奥さんは、茂代と同じ美容師さん。これも不思議だよね。

その間々田さんがうちのすぐそばに住んでいて、しょっちゅう遊びに来ていた。8ヵ月間も「一緒にやりましょう」と毎日のように誘われてたんだけど、ぼくはずっと断っていたんです。でもやけどの奇跡的な体験をしたとき、〝これを仕事にしなさい〟という神の声を聞いた。これは挑戦しないわけにはいかないよね。死にぞこないの43のおっちゃんが、命をかける最後のチャンスだと思った。もう何も失うものもなかったし、いまさら世間体を気にすることもない。まさに、不退転の決意だったね。

また、そのときのアロエゼリーがネットワークビジネスの会社の商品だったからよかった。ぼくはそれまでも社会で働いてきたけれど、従来の仕事は合わないことがわかっていて、その結果が死の覚悟だったわけだからね。

潜在意識を勉強してこなかったらけっして成功はできていないけれど、ネットワークビジネスという仕事がなかったら、絶対にどん底から這い上がることはできなかった。そういう意味で、潜在意識とネットワークビジネスは、ぼくにとっての両輪。どちらが欠けても成り立たないものなんです。

この本でぼくが皆さんに届けたいのは、この二つ、潜在意識とネットワークビジネスの可能性だね。押しつけるわけではないけれど、少なくとも考えてみる価値のあることだとぼくは思うね。

潜在意識とネットワークビジネスが合わさると、すごい力を発揮して、成功の可能性がすごく大きくなるということを、ぼくの体験をとおして伝えたいんです。ネットワークビジネスで成功している人は世の中にたくさんいて、その方法は一人ひとり違う。ある人は人脈や組織力をいかし、ある人はまた違うやり方で自分のグループを大きくしているでしょう。でもぼくは、人脈なし、学歴なし、資金はゼロどころかマイナス4千万円の状態から、自分の潜在意識だけを使って月収1千万円を実現した。だから、何か意味あるものにチャレンジしたいなら、誰もが持っている潜在意識の力を使ってネットワークビジネスの可能性にかけてみたらどうだろうか。

そういうぼくも、やけどというきっかけがなければ絶対にこの仕事をやらなかったでしょう。それに、間々田さんが8歳年下だったのもよかった。かれの家はぼくの家のすぐそばだったからしょっちゅう来てたけど、ぼくはかれが好きだったから全然いやじゃなかったんです。来ると、「お茶飲んでいけよ」って言って、うちにあがってしばらくおしゃべりしていったものです。

そのころは、不動産の仕事もほとんどなく、週に何回かヨガ教室を開いたりしてたけど、ひまなときはいつも日向ぼっこしてたからね、かれがいつ来てもぼくは家にいるんだよ。1月から8月までの間に、そうだね、全部で100回、いや200回は来たんじゃないかなあ。そのたびにフォーエバーの仕事をやりましょうって言うんだけど、ぼくはいつもかれをからかってばかりで真剣に取り合わなかったんだ。

そのうち、6月か7月ごろだったかなあ、ある暑い日、かれがうちでお茶を飲んで帰ろうとしていたとき、その後ろ姿を見てハッとしたんです。かれは8つも年下で人生経験も浅いし、ぼくに比べれば若いですよ。だから、ぼくは何につけても自分が正しくてかれが間違っていると思っていたんだ。でもその日、かれが歩き去る後ろ姿を見ながら、もしかしたら、かれが正しいのかな…、そう思ったんだ。ぼくは43でかれは35。〝エーッ！〟もしかしたらぼくが老けてきて、若い間々田さんの言っていることが、理解できないということなのかな…。

おおげさに言えば、コペルニクス的転回だよね。〝なんだって？　太陽じゃなくて地球が動いているだって？〟という感じ。

それ以来、ぼくの気持ちが徐々に変化していったのは確か。それでもやけど事件が起きるまで、この仕事をやろうというところまでは至らなかったんです。

43歳のぼくもそれだけ時間がかかったんだから、50歳、60歳の人がすんなりネットワークビジネスを理解できなくてもあたりまえだし、少し時間がかかるのはしかたないと思いますね。そして、この本の存在価値もそこにあると思っています。ぼくはこの本で、皆さんにネットワークビジネスの素晴らしさと同時に、潜在意識のすごさを伝えたいと思っているけど、なかなかわかってもらえない場合は、繰り返し読んでもらうしかないね。

人間は頑固だよ。やっぱり、過去にしばられているね。なかなか、新しいものを取り入れようとしない。ぼく自身のことを言ってるんだけどね。当時は間々田さんも行くとこがないせいか、しょっちゅうぼくの家に「やりましょう。やりましょう」って来たんだよ。そのおかげで、ぼくは過去の考えから解放される準備が整ったんだろうね。

43歳からの人生は、すべてが潜在意識の実験場

そんな経緯で、「フォーエバーの仕事をやる！ 月収1千万をとる！」と決めたのが1984年の夏。しかし、決めたからと言ってすぐにお金が入ってくるわけではないよね。ぼくはキャンプから帰って死ぬつもりでいたから、今月食べていくお金もない。それでぼくは、即座に300万円を借りてきて茂代に渡し、「これで半年やってくれ」と言いまし

た。３００万をポンと貸してくれる人がいたっていうのも、ものすごく運がいいんだけどね。４千万円の借金だと、利息だけでもかなりある。当時ぼくはヨガを教えていて道場も必要だったから、借りてた家も道場プラス住居で広くてね。家賃は30万円。周りはみんな、ぼくが借金抱えて死のうと思っていたなんて、露ほども思わなかったみたい(笑)。

フォーエバーの仕事をする前は、夜逃げすることももちろん考えた。でも、そんな状態でも、ぼくは茂代を働かせるのが絶対にいやだったんだ。収入もないし家賃も滞納してるのに、ぼくは家で日向ぼっこしてる。茂代はたいへんだったよね(笑)。

ある日、こんなことがあった。朝10時ごろかな。茂代が身支度をして「私、でかけてきます」って言うんだ。「どこいくの?」「面接に」「は?　どこ?」「美容師の仕事の面接です」。ぼくはカーッとなってね、「おまえは仕事なんかするな!」と大声で怒鳴った。そうしたら、あのおとなしい、ぼくには絶対に口答えしない茂代が、「じゃあ、誰が働くんですか」と言ったんだ。

「人は死ぬときは死ぬんだよ!　じたばたするな!　あとは天に任せるんだよ!」

ぼくがものすごい剣幕でそう言うと、茂代は震え上がって黙っていた。ぼくみたいなやつの女房は、本当にたいへんだと思う。こういうことをみんなに話すと、女性陣はみんな「私だったらとっくに家を出てるわよ。茂代さん、なんであのとき別れなかったの!」なんて、よけいなこと言うんだよね(笑)。

27歳からのぼくの人生は潜在意識の実験なんです。常識というものは、生きるために不可欠だけど、切羽詰まったときに何もしてくれないんだよ。それに常識や想像の範囲内のことしか起こらないんじゃ、人生つまらないよね。大きな驚きも喜びもなくなっちゃうでしょう。でも実際はそうではなくて、要所要所で〝思いの力〟がパーンと弾けるんだ。これがなんとも言えない。生きていることの、一番の醍醐味だよね。

ぼくが読んできた本には、そういうことが書いてある。それを自分の人生で、「やっぱりそうなんだ」と確かめていきたい。〝人間はやっぱりすごいなぁ〟と実感しながら生きる。それが楽しいよね。そして、実験し、確かめるには、そのための〝場〟がないといけない。ぼくにとっては、フォーエバーリビングプロダクツがその最高の〝場〟なんじゃないか、ということに気がついて、その勘が正しかったということを、実践をとおして自分自身や周りの人たちに証明していったんです。

では、なぜほかの仕事じゃだめだったのか…。みんなこう言うよ。「酒井さん、あんたはそんなに潜在意識を勉強していたのに、なんで4千万円も借金つくったんだよ」って。そりゃあ疑問に思うよね。それまでのぼくは、お金がほしいだけで働いてた。結婚して、子供が生まれて、そうすると子供のために一生懸命働く。少々嘘をついてもお金が入れば、というのが多分にあった。そうすると自分の魂を売ってお金をもらう、という状況になってくる。それにだんだん耐えられなくなったんです。

たとえば不動産の仕事だと、取引先の人、あるいは銀行の人なんかとゴルフをやったり接待したり、お世辞を言ったり機嫌をとったり、ああいうことがぼくにはうまくできない。生きていくためにはそういうことも必要だとわかっていても、ぼくにはそれをするエネルギーもなかったですね。思ってもないことを言ったりしないといけない仕事だと、苦しくなってできないんです。もっとも、どんな職種でもお世辞を言ったり機嫌をとったりしないで、正直にやっていて成功する方もいらっしゃる。ただ、ぼくにはできなかっただけのこと。

社会ではあたりまえのことが自分にはできないということにだんだんと気づいたぼくは、これ以上生きてたって社会に受け入れられないし、とうてい４千万円の借金を返すこともできないだろうと思った。だから死のうと思った。会計をみてもらってる友人は破産して法律で救ってもらえと言ったけど、そこまでして生きるのはいやだから、潔く死んでしまおうと思ったんだ。

ぼくは以前は酒も浴びるように飲んでたし、いわゆる品行方正な人間ではなかったけど、根がまじめなのか、父親譲りなのか、要領よくできない。世渡りがうまくない。

でも、フォーエバーの仕事だと、アロエベラという商品のよさを伝えればいい。そこには嘘がないからすごく楽なんだ。商品がいいものだし、たまたま間々田さんに連れられてフォーエバーの本社にも行ったら、社員も本当にまじめな人ばかり。後で聞いたことなんだけど、酒もタバコもやらないし、コーヒーも飲まない人たちなんだ。ぼくとはまったく逆なんだよね。そんな人間がいるのかってね(笑)。

そういう人たちが扱っている商品だからいいのはあたりまえと思った。だから、なんら心にわだかまりをもつことなく全力投球できる。また、アロエベラの歴史などを学んでいくうちに、アロエベラを普及することは価値のある仕事だとも思った。潜在意識というのは魂と天とがつながってはじめて働くもの。だから、それまでやっていた仕事だとうまくいかなかった。〝後ろめたい心〟があると潜在意識がうまく働かないんだよ。

ぼくはふつうの仕事じゃだめなんだ。毎日働くのも疲れていやだし、早起きもできない。毎日同じオフィスで仕事をするのも好きじゃない。でも、ぼくの知るかぎり従来の仕事っていうのは、そういうものばっかり。だから、いまの社会にぼくの居場所はないと見切って死のうと思っていた。

それでもぼくは、日向ぼっこをしながら最後まで神との会話をやめなかった。こんなぼくでもどうにか救ってほしい、神(潜在意識)は救ってくれるんじゃないかという期待があった。死ぬ覚悟を決めながらも、〝成功したい〟〝くやしい〟〝こんちくしょう〟という気持ちがあったんだよ。

とにかく借金を返すため、生きるためにはお金が必要なんだから、それには仕事しかない。でもふつうの仕事じゃだめ。毎日会社に行かなくてもいい仕事、早起きしなくてもいい仕事、資金も何にもいらない仕事、ぼくは友達が少ないから友達もできるような仕事がいい、そしてやればやるほどお金が入ってくる仕事…、ふつうに考えたら、そんな仕事があるわけないじゃない、ねえ。

だけど、〝ぼくに合った仕事があるわけない〟というのは〝自分に合った結婚相手はこの世にいるわけない〟というのと同じ。でも、どう？　ぼくは素晴らしい女性とちゃんと結婚したでしょう？　ぼくは母や姉におまえは結婚できないと言われ続けていた。わがままだし、気むずかしいしね。30になったときはさすがに焦ったよね。あの時代は、たいていの男は30になれば、結婚して家庭を持ってたから。

田舎にいれば、おじさんやおばさんがいて、縁談があったり世話好きな人が紹介してくれたり、そういうこともあったでしょう。でも東京だとそれがない。しかもぼくはあちこち仕事を変えてて友達もいないから、よけいに女性と知り合うチャンスがない。酒が好きだったからそういうところの女性はたくさんいたけど、結婚は堅気の女性としたいという憧れがあった。それで、もしかしたらおれは結婚できないんじゃないか、という危機感を覚えて、潜在意識になんとかしてもらうために〝愛する妻〟と紙に書き、朝晩声に出して読み、茂代と出会うことができたんです。

でも、43のときの危機感は、死に直面したんだから、それはものすごい恐怖だよね。祈りに近い日記を書き、瞑想し、日向ぼっこしながらの神との対話、の日々だったね。

死を受け入れたころ、日向ぼっこをしながら神とこんな会話をした。

「ぼくは努力はしない、できないんだ」

「どうして？」

「努力してもこういう目に遭ったんだから、もう努力はいやだ。努力しなくてもお金が入る仕事があれば、与えてください」

「一つ条件がある」

「それは何ですか？　努力だったらできないですよ」

「そうではない」

「じゃあ、何ですか？」

「すべてを、ゆるすことだ」

母は偉大！　ある日消えた中年女性への苦手意識

人の脳は親にプログラムされていると言っても、悪いことばかりではないんですよ。たとえば、ぼくの夢は母の教育と深い関係があるんだ。誰でも、子供のころは大きな夢を抱いてる。そしてそれは大人になっても心の奥深いところに持ち続けているものだと思うけれど、学校に入り、教育を受けて、受験して、社会に出るうちに、どんどんチリが積もって夢は埋もれていってしまう。自分が持っている本当の夢とは無関係の生活を余儀なくされるからね。でもぼくはいま、現在のぼくが考える夢よりも、小さなころの夢に動かされているような気がしているんです。子供のころに思い描いたものが種になっているような、そんな気がするんだ。

ぼくの小さなころの夢は、ノーベル賞をもらうような科学者になることだった。いまでも持っているものがあってね、小学校3、4年のときに読んだ雑誌の付録にカルタがついてたんだけど、すぐにヨレヨレになってしまうような薄っぺらい紙だった。それをおふくろが、ボール紙に糊付けしてから一つひとつ切って、しっかりしたカルタにしてくれた。それが、世界の偉人の名前のカルタだったんだ。ニュートン、エジソン、パスカル、ワシントン、リンカーン…。野口英世とか、北里柴三郎もいたけど、ほとんどが外国の偉人たちだった。そして顔の横に出身国の国旗がついていたんだ。
子供のころ、ぼくは友達と遊ぶより一人でいるのが好きだったから、よくそのカルタで一人で遊んでた。やはりおふくろが買ってくれた、子供向けの偉人伝なんかもよく読んだね。テレビはもちろんのこと、ラジオもないような時代。雨が降れば、本を読むくらいしかすることがないんだよ。脳が形成されるような時期にそういうものを読んでたから、頭に入っちゃったんだろうね。ノーベル賞をもらうような科学者になるのが夢っていうのは、母がぼくの将来に抱いた夢だったんだろうな。

こんなことも思い出すね。ぼくの出身地、富山県氷見《ひみ》市の藪田というところは、当時は藪田村といった。海のすぐそばの、ほんとうに田舎ですよ。小学校に入ると、ぼくは勉強がよくできたらしく、「すごい子が出た」っていうことになった。小さな村の話だよ(笑)。あるときおふくろがこう言った。「隣のおじさんがおまえのことほめてたよ。〝村一番の秀才だ。みつっちゃんは将来、県知事になる〟って言ってたよ」

おじさんやおふくろにしてみれば、〝県知事になる〟っていうのはえらいほめ言葉なんだろうけど、ぼくは内心、〝なーんだ。すごい、すごい、というわりに、県知事か〟とがっかりした。ぼくは絵本のなかの偉人伝の世界にいたから、県知事をすごいと思ってなかったんだ。総理大臣と言われてもそんなに嬉しくなかっただろうね(笑)。それが小学校1年のとき。これは、世の中をバカにしてるとかそういうことではなくて、あくまで小学生の頭のなかの、イメージの世界のことだからね。

そんなこともあって、ぼくは、小さいころから常に世界に憧れをもっていた。今回、こうしてドン&ナンシー・フェイラ夫妻に協力してもらえることになったのも、そういう自分の思い、つまり潜在意識の力だと思うし、この本が世界に続く道への扉なんじゃないかと感じているんです。

われわれは、ふだんは忙しくて忘れていても、もしかしたら死ぬまで小さいころ抱いた思いに動かされているんじゃないかな…。おふくろが裏張りしてくれたカルタはぼくの宝物。そう考えると、三つ子の魂百まで、というように、小さいときに何に触れるかっていうのは、すごく大事なことなんだよね。

〝世界に出ていきたい〟といういまのぼくの夢も、そういう小さなころの思いが根底にあるからこそ。細菌学者であった野口英世にしても奴隷解放のリンカーンにしても、お金儲けじゃない。ぼくが向かうのもそういう方向、つまり、世界に影響を与えるような人間になりたい、ということなんだ。

ぼくは昔から物理とか自然科学が好きで、世の中の不思議な現象に興味があった。いまもその点は同じで、〝思ったことが実現する〟というのも、ある意味では物理学と共通しているんじゃないかと思いますね。とはいえ、心の研究のほうがずっとおもしろいけれどね。心のほうが、もっともっと微細な世界だから。

ぼくの〝思ったことが実現する〟という考えはアメリカ的かもしれない。アメリカの人が書いた本を読むことが多いからね。本によって、これまで何度も人生を変えてもらったし助けてもらった。ぼくのライフワークである潜在意識も、本がぼくに与えてくれたものだし、女性観も、ある一冊の本によって劇的に変わったんです。

いまは、ぼくは毎日女性と話し、仕事をしたりしているけれど、20代で不動産のセールスをやってたころは女性がすごく苦手だった。なかでも一番苦手だったのは40代、50代のおばさん(笑)。不動産のお客さんとなると、だいたいある年齢以上の人でしょう。20代のうぶな男には、ほんとうに手強くてさ、得体が知れないよ。そうしたら、読んでいた本にこんなことが書いてあった。

「あなたがもしセールスの仕事をしていて、女性が苦手だと思っていたら、あなたは勝負をする前に負けている。なぜなら、人口の半分は女性だからだ」

〝エーッ！　そりゃないよ〟と思ったね。でも、だからといってすぐにおばさんを好きになれるわけではないんだよ。

でも、ほんとうに不思議なことに、問題を持っていると必ず解答がやってくるんだ。問題を解決できるかどうかなんて考えなくていい。〝これが自分の問題だ〟と〝決め〟さえすれば、解答は向こうからやってくる。大事なのは、何が問題なのかをはっきりさせること。

それから、何年かたった33歳のとき、ぼくがまだ女性が苦手だったころ、たまたまぼくの大好きだったジョン・F・ケネディの母親が本を出した。タイトルは『わが子ケネディ』。それを読んで、パーッと考えが変わっちゃってね。ぼくは本当に本で変わっちゃうんだよね。ケネディが好きだという理由だけで、なんとなく読んだ本なんだけどね。

『わが子ケネディ』を読んでわかったのは、偉大な人の背後には、必ず偉大な母親がいるということ。昔からなんとなくわかってたけど、あの本でそれがもっとよくわかった。つまり、すごいのは女性よ。ケネディがえらいんじゃない、お母さんがえらい。

いやぁ、あれにはほんとうに感動した。ぼくは富山の田舎に育って、おふくろやおばあちゃんや、みんなに大事にされて、男尊女卑の世界で生きてたからね。女は目下、みたいな感覚があったんだよね。それがあの本でひっくり返っちゃった。今度生まれるときは女に生まれようと思ったくらい(笑)。そして、それを読んでから女性が苦手じゃなくなっちゃった。だって、好きも嫌いもなく、心から尊敬するようになっちゃったんだから…。ぼくはいつも本で救われるんだよね。問題を持つと、その解答が、思いもしない、とんでもない方向からやってくる。これが世の不思議だし、宇宙の真理なんだよ。

好きな本は何回でも読む、読むたびに感動する

自分の問題は何なのかがわかれば、必ず答えがやってくる。「困った困った」って言っても、具体的に何に困っているのか、問題の〝正体〟をわかっていないんです。困っててもいいんだよ。困ることが起こるのは世の常なんだから。ただ不安がっているだけじゃ、何も起こらない。

「将来がこわい」って言うけど、将来なんてまだ来てないんだからさ(笑)。恐れるという感情は、非常に危険なものだよ。〝ひどく恐れていたものが、わが身に降りかかってきた〟なんていうフレーズがよくあるけど、問題をはっきりさせることだ。ぼんやりとしたものを、はっきりさせる。できれば、ペンと紙を用意して、自分をしっかり見つめ、問題を見極める。恐れることなく問題に向き合えば答えがやってくるとぼくは思っている。

ぼくにとっては、27歳のときの『信念の魔術』との出会いもそうだった。ああ、おれは一人前に生きていけないんだ。学歴も人脈も体力もない人間なんだ。住み込みでなんとか生きていく程度の人間なのか…。泣くに泣けない絶望的な毎日を送っていた。でも、そんなときに運命の本に出会ったんだから、奇跡というのは本当にあるんだよね。そして読んでいる間中、脚の震えが止まらないほど感動した。真剣に何かを考えていると、何かがやってくるんだ。何も起きないのは、真剣に考えていないってことだと思うよ。宇宙っていうのは、その点は公平だと思う。

本だって、ただ漠然と読んでいてはだめなんだ。たとえば『信念の魔術』という本を、ぼくほど感動して読んだ人はいないんじゃないだろうか。そこまで入り込んで全身全霊で読んだから、あの本がぼくの人生を変えてくれたんだ。同じ本一冊にも、何も感じない人と多くを感じる人がいる。多くを感じられる人は、すごい財産を持っていると思うよ。

ぼくは好きな本は間をおいて何回も読むんだけど、何度読んでもそのたびに感動する。すごいなあ！　やっぱりそうだよなあ！　人間ってすごいんだなあ！　独特の興奮に陥る。まあ、本を閉じてほかのことをしているとだんだん興奮が静まってふつうのレベルに下がってくるんだけど、ああいった興奮を味わえない人、心底感動することのない人っていうのは、ずっとふつうのレベルの平坦な世界に生きているだけなんだよね。心が震えるような喜びを知らない。

もっとも、感動を与えるものは本だけじゃない。ぼくの場合は、本を読むことでやる気になったり、勇気をもらえたりすることが多いけど。これはほんとうに幸せだよね。ふつうのレベルだけで生きていても、食べることはできるし、生きていくことはできるだろうけど、やはりぼくは、感動を味わって生きていきたいと思う。


一般的に、女性は読む能力よりも、聞いて咀嚼《そしゃく》する能力のほうが発達しているような気がしますね。男性は逆に読んで学ぶ能力がすぐれている。どちらが優秀とかいうんじゃなくてね。〝名人〟といわれるのは、だいたい男性だよね。画家も作曲家も、世界的な人は男が多いね。むさくるしい男が、すごく美しい曲を作ったりして(笑)。

でも、そういう人も、すべてお母さんから生まれている。人間はすべて母から生まれるんだ。だからぼくにも、母親のメッセージが全部入っている。野口英世の本も、リンカーンの本も、みんな母親が買ってくれたもの。母の思いだよね。言葉にしなくても、〝こうなってほしい〟という思いが伝わってくるでしょう。子供は母親の影響をもろに受けるもの。偉人と言われるような男性にも、母親が乗り移ってるんじゃないかな(笑)。ぼくはそう思いますね。

ぼくは自分の家族のことをセミナーでもよく話すんです。なぜなら、何事も基本は家族だと思うから。自分のグループの人たちも家族を大切にする人であってほしい。家庭がしっかりしていないと、いい仕事もできないでしょう。ビジネスはあくまでビジネスなんだけど、ネットワークビジネスの場合は、特にリーダーの総合的な人間性に安心できなくちゃ、みんなついてこないよね。ぼくが家族を大切にする男じゃなければ、あんなにたくさんの女性が話を聞きにくるわけないと思うよ。

これは仕事以前の問題。縁が大事なんです。グループの人たちとの縁、そして家族の縁…。なかでも一番縁の深い夫婦の関係を大切にしないようじゃ、いつほかの人の縁も切るかわからない。それじゃみんな不安だよね。縁というものは目に見えないものだけど、ほんとうに大事。親子も縁だしね。家族の縁を大切にしてうまくやっていけば、他人ともうまくやっていけるようになる。ネットワークビジネスは人とのコミュニケーションが土台だからね。

家内が皿を割った瞬間、〝あっ！おれが悪いんだ〟

夫婦は一番大切だけど、同時に一番難しい人間関係です。機嫌の悪いときも調子の悪いときも、いつも同じ屋根の下にいるんだからね。恋人だったら、調子のいいときだけ会えばいいさ、きれいなときだけ会えばいいさ。でも夫婦はどんなときも会わなくちゃいけないでしょ。当然イライラすることもある。その中で人間関係を保つっていうのはたいへんなこと。でも夫婦の関係がうまくいっていれば、ネットワークビジネスでも、ほかの仕事でも、成功により近づくと思う。ドン・フェイラは「夫婦が一緒にビジネスに取り組むと、それは単に1＋1＝2ではなく、はるかにそれ以上の共働作用のパワーが生まれてきます」と言ってるよ。

ネットワークビジネスは1年2年でやめる仕事じゃない。5年、10年と続けていかなければ大きな組織はできないんだから。その間ずっと、お金のこともからみながら関わっていくっていうのは、ある意味じゃすごく難しい。でも、家庭や夫婦関係がうまくいくようにすれば、そこで学ぶこともできるしね。鍵はね、〝譲歩〟なんですよ。

ぼくは昔からすごくわがままで気むずかしかったし、母や姉にもそう言われてた。「あなたみたいな人は結婚できない」と言われ続けて暗示にかかってるから、自分でもそうなんだろうと思ってた。でも30になったときに、やっぱり結婚しないとだめだと思って、〝愛する妻、愛する妻…〟とやった。その前に、一つの言葉に出会ってたんです。それはゲーテの言葉。ぼくは昔『若きウェルテルの悩み』を読んで救われたから、ゲーテは好きだった。

いわく、「結婚は譲歩である」。ぼくはそれまで結婚を、えらい男に女がついてくる、そんなふうにとらえてた。譲歩だなんて考えたこともなかったんだ。だからそのとき、エーッ！　結婚っていうのは譲歩なの？　とびっくりした。ほかの人が言ったなら何も思わなかったかもしれないけど、ゲーテが言ってるんだからね(笑)。そうか、譲歩なのか…、譲歩すればおれも結婚できるんだ…、そう思った。それで〝愛する妻〟が始まった。いままでも「結婚とは」と聞かれたら、「譲歩である」と答えますよ。

ぼくはこうやって、本とか偉大な人の言葉に導かれてきたから、頭のなかに自分自身の考えっていうのはあまりないかもしれない。たとえば、『信念の魔術』『自己実現』『ユングと共時性』などの本に導かれた。また、イエス・キリスト、孔子、お釈迦さまにも影響も受けている。やはり、ぼくたちは先人の知恵に学ばなくちゃいけないと思うんだ。イエスは〝ゆるし〟を教えているし、お釈迦さまは、〝自分の身に起こることは自分の心の反映である〟と教えている。

かなり前の話だけど、茂代が皿を割ったことがあった。彼女はすごく慎重だし、物を大切にするし、皿を割るような人間じゃない。それが、割ったんだよね。ぼくは反射的に〝何やってるんだ！〟と怒ろうとした。でもふと、〝ああ、おれが悪いんだ〟と思ったんだ。

茂代が皿を割るっていうことは、ぼくを中心に考えればぼくの体験だよ。茂代が皿を割るという体験は、ぼくが引き起こしたのではないか…、茂代が皿を割ったのは、ぼくのせいなんじゃないか…、そう思った。だから茂代を怒る筋合いはないんだ。

じつはそのとき、ぼくたちはちょっとしたことで、気まずい感じになってたんだ。ということは、やっぱりぼくが原因なんだよ。その少しあとにまた、車の事故なんか起こしそうにない茂代が「今日、車ぶつけちゃったの」と言った。それを聞いた瞬間も〝何やってるんだ！〟と思ったけど、いや待てよ、と。それもぼくに原因があるんだと思い直して、ぜんぜん怒らなかった。ふつうだったら、皿を割った人が悪い、車をぶつけた人が悪い。でも原因をつくったのはぼくだと思った。思い当たることもあったしね。そのせいで家内の心が乱れたんだ、と。

ぼくは〝ゆるす〟ということを実践している。みんな口ではすぐに「ゆるします」と言うけど、いざ何かが起きると、つい実践を忘れて相手を責めたり怒ったりしてしまうんです。でも、それじゃあだめなんだ。頭でわかっていても、感情をコントロールするのはほんとうに難しいよ。でも、それをしなければいけない。

孔子も、弟子に「生涯守るべき大事なことはなんですか」と聞かれて、「それは〝恕〟である」と答えている。そのあと「おのれの欲せざるところは、人に施すなかれ」というあの名言が続くんだけど、〝恕〟というのは、〝思いやり〟であり、〝ゆるすこと〟であり、また〝心をゆるめること〟。深いよねぇ。こんなふうに、いろんなものから学ぶことが大事なんだと思います。

自分だけの考え、自分の時代だけの学問じゃ、範囲がせまくなるでしょう。一回しかない人生なんだし、人間の歴史は千年も2千年も続いてるんだから、先人の知恵も自分の脳に入れて生きるのが、いまの時代に生きている意味だと思う。お父さんの考え、お母さんの考え、それに学校の勉強だけを詰め込んで、ちっぽけな頭で生きたってちっともおもしろくないじゃない。2千年の間を自由に行ったり来たりして、国境も飛び越えて、あらゆるところからいいものを集めて自分の頭を組み立てたほうが楽しいよね。

自分自身の考えなんかいらないですよ。ハードは自分のだけど、ソフトについてはどんどん新しいアプリケーションを入れて、バージョンアップしていかないとね。

ジョン・エックルスという、1963年にノーベル生理学・医学賞をもらった学者がいるんだけど、その人の書いた本『心は脳を超える』にぼくの大好きな一節があるんだ。

〝私たちの脳は、驚くべき生物進化のプロセスが創り出した、素晴らしいコンピュータであり、私たちの心はそれをあやつるプログラマである〟

しびれちゃうねぇ。そんなすごい学者が、ぼくが考えてることと同じことを言ってる。ぼくはみんなに、「ぼくが言ってるんじゃなくて、こういうえらい人が言ってるんだよ」と話すんです(笑)。「皆さん、自分の脳は道具なんですよ。ハードはほとんど同じ。でもソフトによってどんどん変わるの。両親にソフトを入れられても、それを自分と思っちゃいけない。いかに脳という道具を使うかによって、自分の人生を自分の好きなように変えられる。だからいいソフトを入れることが大事だよ」ってね。

たとえるなら、古い服を脱ぎ捨てて、新しい服に着替えるようなもの。なにも、同じ服をずーっと着続ける必要はないでしょう？　服は、〝自分〟じゃないんだから。自分の性格も服と同じで〝自分〟じゃない。着替えられるんです。服を自分だと思って着替えないような人は、一生同じ服を着て過ごすようなものだよ。自分の性格も〝つくられたもの〟だと認識し、時代に合った服を着て、さっそうと歩いたほうがいいじゃない？　とにかく、服を自分だと勘違いしないことです。

ぼくのグループで、一番がんばって成功している一人の女性がいる。彼女はもともと茂代の友達でぼくのヨガの生徒だった。だから彼女はいまでもぼくのことを〝先生〟って呼ぶんだ。フォーエバーの仕事を始めて少したったとき、ぼくは彼女に言った。「ぼくは、いまはまだ月収100万だけど、これから月収1千万を目指す」「私も先生と一緒にやりたいから教えてください」「だったら、しょっちゅうぼくのところに話を聞きに来たほうがいいよ。自分の頭でやってもだめ。それから、自分の性格にこだわってはいけない。この仕事で成功したいのか、それとも自分の性格を守り通したいのか、どっち？」と聞いたら、「自分の性格を捨てても成功したい、目標を達成したい」と彼女は言ったんです。彼女は、自分の言ったとおりにそれを実行して大成功した。ほんとうに見事な女性だと思う。教えたこちらが感心させられちゃうよね。

体験することで信じられる、貴重な5円玉の実験

日本の女性は、とくにお金のことは話しにくいようだよね。女は成功しちゃいけない、そういうへんな考えがインプットされている。でも、そんな考えに縛られていたら絶対に成功なんかできないよ。あなたがいままで信じてきた、自分の一部になってしまっている凝り固まった考えや、自分の性格まで捨てる覚悟で成功したいと思っていれば、それは手に入るだろう。でも否定的な〝考え方〟を持ってたら成功なんて絶対にできないですよ。

ぼくがセミナーで、「月々100万円ほしい人は？」と聞くとほとんどの人が手をあげる。彼女たちがそう思っているのは事実です。嘘じゃない。でもそれをじゃましてるもの

があるんだ。それは自分自身の頭。女性がそんなに活躍してはいけない、ご主人よりも稼いではいけない、そういう考えが頭に入っちゃってるんだよ。とくに日本の女性はね。そうすると、それが実現のブレーキになっちゃう。

たとえば、昔から親に「おまえは何をしてもだめだ」と言われていたりすると、いくら本当に100万円ほしいと思っててもそれがじゃましちゃう。無意識のプログラムが自動的に働いちゃう。純粋に〝お金がほしい〟という気持ちにストップをかけちゃう。願望を実現するためには、そういうじゃまな考えが自分の中にあるということを理解し、それを排除することが必要なんです。そのためには〝100万円がほしい〟ということを潜在意識にしっかりと植えつける。

つまり、たんなる〝願望〟を〝信念〟のレベルに変化させる。毎月100万円ものお金がなぜ自分に必要なのかを考え、また、それが現実になったとき自分に起こるさまざまな変化に思いを馳《は》せ、喜んでいる姿などを想像したり、それを紙に書き出す習慣をつける。単純なことなんだけど、そういうことをせずに、ただ〝ほしい、ほしい〟だけじゃ、古いプログラムにじゃまされて、一瞬でパッと消えちゃう。みんなそうだもの。ぼくはみんなのことをずっと見てるからわかるんです。

みんなお金がほしいし、誰しも成功したいんだ。でも自分で自分のじゃまをする。それなのに、それを〝環境〟のせいにする。環境はじゃまなんかしないですよ。自分のなかの古いプログラムがじゃまをしてるんです。

だんなさんが、奥さんに「あなたにはできない」と言う。それはあなたの過去を見て判断しただけ。でも、そこにとらわれて自分の頭が否定的になると「できない」が現象となって、ほんとうにできなくなる。

あなたのすることに、実際に反対する人がいても大丈夫。ぜんぜん関係ないよ。要するに、そこに意志があれば道が拓かれる。不思議だけどね。これは自分の体験から言えること。そして、それは〝自分の力〟でやるんじゃないんだ。意識の深いレベルで、宇宙の力を取り込んで自分の思いを叶えていく。そういう感覚を身につけることです。

5円玉の実験というのがある。ぼくは潜在意識について教えるのに便利だから使っているんだけどね。思ったら叶うよ、と言ってもみんなピンとこないから。どうやるかというと、まず、5円玉に結びつけた糸の端を、円を描いた紙の上で持つ。そして紙に描いた円に沿って回る回ると考えると、自然に回り始める。〝思い〟がエネルギーとなって5円玉を動かす。素直に〝動く〟と思えば動くんだけど。難しいことを考えちゃうとできない。回るかしら？　と思ってたら回らない。女性は回るね。素直だからね。男性はなかなか回らない。あと、インテリは回らない（笑）。

これがぼくの潜在意識の原点。〝Thoughts are forces〟、つまり〝思いは力なり〟ですよ。これはラルフ・W・トラインの言葉だけどね。

5円玉を回すだって？ くだらない！ と思うかもしれない。でもこれは、自分の思いが現象を作り出すということを実感するのにすごく有効な方法です。その規模を徐々に大きくしていけばいいんだから。「考えたことは実現していくんだよ」とぼくは話すんだけど、みんなややこしく考えすぎるんだ。もっとシンプルに考えて。自分の人生でいくらでも実験できるでしょう。

まず、紙に書いてごらん。毎日紙に書いて潜在意識の深いところまでその思いが到達すれば、2、3ヵ月で実現するかもしれない。でも、それには時間がかかるから、いま〝思いは力なり〟を実感したい、いま〝潜在意識の力〟を知りたいという人には、5円玉を使ってその場で見せてあげる。そうすれば、すぐにわかるでしょう。

回らない人、小さく回る人、いろいろだけど、回らない人もいつか回る。5円玉は、よその人の力を借りなくても自分の力だけでできること。でも、人生はそうじゃない。自分だけで生きているわけじゃない。まして成功しようと思ったら自分の力だけじゃできない。人の助け、環境の助けが必要なんです。自分の60兆個の細胞を超えたところまで広がらなくてはいけない。でもそれよりも先に、まず自分のからだ全体が反応するということを学ぶ。それが基本だからね。

基本を習得したら、今度は、思いが自分の体の外に広がっていくことを実感できるようになる。宇宙は一体、ということを感じられるようになる。ぼくのいままでの体験を話すと、みんなもだんだんわかってくるんだ。思いを強くするには、潜在意識にしっかりと焼きつけるには、どうしたらいいかというと、紙に書く、声に出して読む。それが一番簡単な方法。そうすると思いが強くなって、未来にエネルギーが送られ、それがいつか爆発していろんな現象が起きるんです。

たとえば、ぼくが月収1千万ほしいと思った。それにはどうしたらいいか。ネットワークビジネスの場合、ぼくと同じような価値観を持ち、ぼくと一緒に真剣に仕事に取り組んでくれる人が5人くらいいないと、月収1千万にはとてもならない。でも潜在意識に深く刻み込んでいくと、そういう人が現れてくるんです。〝そういう現象が起きる〟と信じられない人にはまず現れない。そういうものです。〝愛する妻〟と一緒。ふつう、相手もいないのに3ヵ月以内に自分の理想の人と結婚できるなんて思わないよね。でもぼくはできると信じて、それをやった。必要なものや人が現れてくるということを、ぼくは実験して体験したから、〝Thoughts are forces《思いは力なり》〟だということがわかるんだよ。

信じるっていうのは、案外難しいことで、体験しないと信じることができない。だから5円玉が有効なんだ。5円玉で小さな体験をすれば、本当なんだと信じられる。それを少しずつ拡大していけばいいんです。5円玉を回して、〝思いは力なり〟を体験する。そうすれば、成功したいという思いが叶うということも信じられるようになる。自分の心が広がり、ついには森羅万象とつながっていろんな現象が起きる、ということを感じられるようになると楽しいよね。

自分の夢が場に広がって起きるシンクロニシティ

心理学の話になっちゃうけど、心には意識と無意識がある。唯識学では、1500年ほど前に無意識の発見がなされていたと言われているけど、西洋心理学では100年ほど前にフロイトが発見したとされている。人間には意識があるんだけど、それよりも深いところに無意識がある。その無意識に人間は動機づけされているということをフロイトは言ったんだ。無意識はオギャーと生まれてから、外界とのやりとりの中で形成されたものなんだけど、でも成人したときには忘れている。忘れてはいるけれど、幼いころに形成された無意識に人は動かされている、ということを証明した。それで精神病を治したりした。

そのあと、ユングが出てくるんだけど、ユングの言っていることは少し違う。人間は、オギャーと生まれる前から意識をもっている。それにも人間は動かされていると発表した。それが集合的無意識。ユングは、心の層を四つのレベルに分けている。自我意識とその下にある個人的無意識。その下のもっともっと深いところにある集合的無意識。そして底にあるのが、自然そのものに達している類心的レベル。個人的無意識は生まれたあとのこと、集合的無意識は生まれる前のこと。われわれは、ご先祖とかもっと昔、動物だったときのことにも影響されていると言った。ユングは、また空間を超えて、つまり、いまいる人たち、いま現在、この世に存在するものとも影響しあっていると言う。ぼくらは、自我意識の下にあるすべての無意識のことを潜在意識と言ってる。

それからさらに、ユングはシンクロニシティ(共時性)という概念を発表し、そのシンクロニシティが起こる〝場〟が集合的無意識、類心的レベルであると言っている。

ついでに話すけど、フォーエバーの仕事をしてぼくは大きな壁にぶつかったことがある。〝月収1千万〟を宣言してスタートしたんだけど、月収150万円くらいが3年も続いていて、潜在意識もなんだか行き詰まった感じがしてた。そしてちょうどそのころ、『信念の魔術』によく出てくる〝偶然〟とか〝偶然の一致〟という言葉が、妙に気になり始めたんだ。

これがまた不思議でね。１９８７年の９月ごろだったと思うけど、朝日新聞に載っていた『ユングと共時性』(イラ・プロゴフ著／創元社）という本の広告に目がいった。本能的に何かを感じて、新宿の紀伊國屋書店までその日のうちに買いに行った。難しくて理解できるところは少なかったけど、ページをめくるごとに目の前が開けていくような気がしたね。読み終わったあとは、『信念の魔術』の中の〝偶然〟、〝偶然の一致〟が理論的にわかったという感覚、それに、なにか宇宙の神秘を覗いた、という感動があったな。『信念の魔術』に続く、ぼくにとっては運命の書だったね。

夢中になって続けて５、６回読んだあと、グループの人たちにシンクロニシティについて話した。みなさん、感度がよかったねえ。それからは、ぼくのグループのなかで〝共時性〟という言葉が飛び交ったんだ。この本を読んだことがきっかけだとぼくは考えているんだけど、それ以来、フォーエバーからの収入が毎年１千万円から２千万円ずつ上がっていった。

世界観が変わると、自分をとりまく環境も変わる。あの時期、『ユングと共時性』に出会ったことも、ぼくにとっては大きな〝共時的現象〟だったね。

シンクロニシティを体験するには、なにか目標をもつことだね。それから、その目標を紙に書いたり、声に出したり、思ったりして意識的な考えを潜在意識の場に手渡す。たとえばぼくの場合、〝愛する妻〟がいい例だよね。考えられない現象がつぎつぎに起こる。それと、過去のことも、その目標をあらかじめ知ってたかのように絡んでくる。

種を持ってるだけでは、潜在意識に入っていかないから、言葉にして紙に書き、声に出して読む。それを繰り返すことによって意識の深いレベル、つまり潜在意識にスーッと入っていく。すると、自分の夢が場に広がってシンクロニシティという現象が起きてくる。潜在意識に自分の願いとか思いを根付かせるための作業が、すなわち書く、しゃべる、イメージすること。ボーッと思ってるだけじゃ、なかなか潜在意識まで届かないからね。自分の夢を潜在意識に届けるための作業をしなくちゃいけない。そしてそれは、訓練によって絶対にうまくなるんだ。ぼくもまだ修行中だけどね。

では、そんなに単純なことが、なぜなかなかうまくいかないのか。それは、人間はオギャーと生まれてからずっと、両親、先生、周りの人たちから、つまり外から否定的な情報も多くインプットされ、プログラムされてしまっているからです。三つ子の魂百までというけれど、小さいときに脳に入れられたものが自分の世界観になって固まっちゃうと、それを打ち破るのはたいへん。

「おまえはだめだ」と先生や親に言われて育った人は、だめじゃないのに、だめだとプログラムされてる。その間違った思い込みを取るのがたいへんなの。でも、その間違ったプログラムは自分で書き換えられるはず。それにはまず、〝自分はだめだ〟という考えは本当のことじゃなくて、単にインプットされているだけのもの、ということに気づかないといけない。「これが私なの。私はこういう人間なの」と決めてしまうと、書き換えは難しくなる。でも潜在意識の勉強をして、思いが叶うということを体験していくと、考えが柔軟になって、プログラムも書き換えやすくなるんだ。

だからぼくは、しつこく「体験」と言うんです。それが一番早いし、結局のところそれしかないから。話を聞き、本を読んで、体験する…、そうやって世界観を変えていく。体験の中からしか本当のことは学べないというのがぼくの考えです。目に見えない、科学で証明するのが難しいことなら、なおさら自分で体験しないかぎり信じられないでしょう。

しかも継続していい情報を浴びていないと、ふと前のくせが出ちゃって元に戻ってしまう。形状記憶合金みたいに、元の形に戻ろうという力が働いちゃうからね。それに逆らって古い殻をやぶっていくには、勉強と体験を繰り返し続けていくしかないんです。その両方によって、やっと〝自分も成功できる〟という考えが自分の身についてくる。それができなければ、体験している人の話を聞き続けることです。

ぼくは31歳のときに『自己実現』という本を読んで、自分の心の中にあるどろどろしたものを見せられて驚いた。父親への憎しみが自分の自己実現を阻んでいることにも気づかされた。ゆるすまでに13年かかったけど、『自己実現』がゆるしを学ぶきっかけを与えてくれたことに、本当に感謝だね。その本には、「あなたは親を憎んでいますか？」とあった。ぼくは、あたりまえだよ、と思った。「それならあなたは成功できません」。なんだって？親なんて関係ないじゃないか、と思った。逆に、親を憎むそのエネルギーで成功しようと思ってるくらいだ。でも著者は、あなたが親を憎んでいれば成功はないと言う。なぜなら、心には意識と無意識があって、フロイトが言うように、我々の行動パターンというものは必ず無意識に影響されているから。

もしあなたが意識で成功したいとしても、親への憎しみがあれば、それが無意識、つまり潜在意識に入っている。潜在意識がどう考えているかは、あなたが意識で考えていることとは別問題。親に対する憎しみがある場合、潜在意識にとっての成功は報復です。報復することが潜在意識の目標になっていく。そして意識と潜在意識が戦うと、勝つのはいつも潜在意識。だから、成功したいと意識では願っていても、潜在意識の〝報復が成功〟という目標が勝って実際には失敗する。自分の意識で成功したいと思っているのとは反対に、自己敗北的行動に陥って失敗するというわけです。

ぼくの父は教員で、外から見れば立派な人だった。ぼくは長男に生まれて大事にされて育った。受験に失敗して東京に出たあと、両親とは5、6年連絡を取らなかった。近所の人は父に、「先生、おぼっちゃんはどうされてるんですか。優秀だったから東京のいい大学に行ってるんでしょう」なんて言う。親父は、息子が歌舞伎町でバーテンやってるとも言えないし、その前に何をしているかも知らないし、まさかいまどこにいるかもわからないなんて言えないよね。それがぼくの潜在意識の報復だったんだ。ぼくが失敗すれば失敗するほど親父が苦しんで、ぼくの潜在意識の大勝利だよ。潜在意識にインプットされた目標は、意識には有無を言わせず、それを強制的に現実にしてしまう力があるんです。そういう心のからくりに、ぼくは完全にはまってたんだよ。

意識と無意識はまったく別もの、無意識が常に勝つ

「毎月100万円ほしい人」と聞くと、みんな手を挙げるんだよ。意識では、ほしいんだよね。でも、潜在意識はどう働くだろう。成功したら目立っていやだとか、スピーチ頼まれたらどうしようとか、なんだかこわいとか。そういう思いがあるとだめだよね。何年やってもうまくいかない人は、自分の中にあるそういう気持ちがじゃまをしているんだ。成

功するためには、それを取り除くことが必要。ぼくの場合はゆるすということをしなければいけなかった。親をゆるしておけば、親にも喜んでほしいという思いが心に生じるよね。そうしたら成功するしかないでしょう。それが心のからくりなんだよ。

ぼくは、『自己実現』を読むまではそんなこと思いもしなかった。でも、心のからくりに気づいてみると思い当たるふしがけっこうあった。それまでは、〝なんでおれの人生はうまくいかないんだろう…？〟と思っていたけれど、それは自分のなかの〝憎しみ＝報復〟がいつもぼくのじゃまをしていたからなんだよね。『自己実現』を読んで、ぼくは〝父親のため〟にゆるすんじゃなくて、〝自分のため〟にゆるさなくちゃいけないということを発見した。それから本当にゆるすまで13年もかかるわけだけど(笑)、まあ、そんなもんだよね。でも、いつもいつもそれが頭にあったから、最後にはゆるせたんだと思う。この心のからくりを理解していなかったら、きっといまだに父親を憎んでいただろうね。人それぞれ、じゃまするものは違うだろうけど。いずれにしても、過去にしばられていたら、真の心の自由はないだろうね。

ネットワークビジネスってすごいなあ、自分も成功したいなあ、そう思ってても、潜在意識が違う方向へ動いていると、足を引っ張られてうまくいかない。みんなそれに気づかない。気づかないから〝無意識〟なんだけど(笑)、それだからこわいんです。後半のネットワークビジネス編でも話すけど、無意識は強力かつ強制的。そこまでわかったうえで、自分が本当にしたいことにしっかり意識を向けていないと短い人生の間に目標には辿り着けないよね。心のからくりを理解して、負の要素を取り除くことが自分の思いを叶えるのにはすごく重要なんです。

ただ、自分のものであっても潜在意識は隠れていて見えないから、現象で判断するしかない。要するに、うまくいかなかったら、そこではじめて〝何かがじゃましてるはずだ〟とわかるわけ。そしてその判断をするのは〝意識〟だから、人生は意識と無意識の共同作業というわけです。両方で同じところに向かっていかないと、目標へは進めない。

二つの車輪が違うほうを向いていたら進まないのはあたりまえだよね。でも、このことを知らない人は潜在意識を無視して、理解しようとも思わない。それでも生きていけるからね。生きていけるけど、生きている〝心地〟や〝充実度〟が段違いだよ。どんなにお金を稼ごうと、この心地よさにはかなわないと思う。

エミール・クーエは『自己暗示』(法政大学出版局)という本のなかで、〝意志と想像力が相争う場合、勝つのはつねに想像力のほうで、例外はありえない〟と言ってる。何度も言うけど、潜在意識の力は強制的で非常に強いんです。せっかくそんなに強力なパワーを自分のなかに持っているのに、意識の世界だけで生きてたらもったいないよね。人生の半分以上を放棄してることになる。言葉にすると矛盾してるけど、無意識を意識することで心の充足感が得られるんだ。何をしたいかを決めるのは意識なんだけど、それを実現させてくれるのは潜在意識。〝そう思うと気持ちが楽になるし、実際そのとおりなんだよ。

聖書にこんな言葉がある。

〝二人が心を合わせれば、祈りが叶えられる〟

解釈はいろいろあると思うけど、その二人というのは、ぼくは意識と潜在意識だと思っている。毎日われわれは、何かを考え、また口にしている。それはいつも潜在意識に原因となる種を蒔いていることになるんだ。そして、それが実現する。だから、漫然と考えたり口に出したりすることにも注意をする必要があるね。ここでも、ゆるすという心の状態が非常に重要だと理解できますね。

あたりまえと言えばあたりまえだけど、いまのぼくは、20代のときの自分とはまったく違う人間になっている。一人の人間がこれほど変わるものかと、我ながら驚くよね。それは親に対する思いだけじゃない。ぼくはいま〝人間はみんな正しい〟と思える。みんな、それぞれの言い分があるということ。それに、過去にできあがったプログラムを、時代と自分にあわせて書き直しつつ生きていくのが、これからの人間だと思う。

これは、他人を使って実験したところで、実感できないでしょう。だから自分で実験するしかない。人間の脳というのは本当に無限だと思うね。パソコンだって一つのソフトをずっと使ってたら進歩がない。新しいソフトを使えばいろんなことができるのにね。ハードはいいものを持ってるんだから、あとはいいソフトを入れればいい。そうすれば、いままでとは違う人生が立ち現れてくるんだ。

強い願望がありながら、一直線に進まないこともあるでしょう。そういうときも、がっかりしたり、あきらめたりしないこと。だって、自然界には、一直線ってまずないです。山があって、雨が降ると川が流れる。そして海に流れ込む。まっすぐに流れていく川なんてない。必ず蛇行するよね。でも、自然に任せていればいつしか海に流れ入る。川は蛇行してもいちいち心配しないよね。いつか絶対に海に行くんだから。人間はちょっとうまくいかないと心配しちゃう。でも、〝思いは実現する〟という信念があれば、いつかは川のように、自然の法則に従って海に辿り着くんだ。水は何も心配せずに、低いところ低いところを行くでしょう。そんなふうに、安心して自然に任せること。深い信頼感を持つこと。

疑わないこと。それにはやっぱり、体験と勉強だよね。

『ユングと共時性』の解説の中で、河合隼雄さんが「解決の道はないと本人が思い、周囲の人もそう思い込んでいるときに、心理療法家の、解決を希望し続ける態度が支えとなり、そこに〝奇跡〟つまり共時的現象が生じて、思いがけない解決の道が見えてくるのである」と言っている。わかる？　これは、すごい言葉だよ。

ユングは、そういう不可能と思われる状態になったときのことを、「元型的状況に立たされた状態」と言っている。たとえばぼくの場合、〝愛する妻〟〝ビーチサンダル〟〝ピコ秒〟の奇跡は、全部これにあてはまる。いずれのときもぼくは、解決の糸口さえ見えず、追い詰められてにっちもさっちもいかない状況に陥っていた。そういうときにこそ奇跡は起きるんだ。ほんとうに、いま思い出してもぞくぞくしてくるよ。

もし、本を読んで勉強してなかったら、「あっ、そう」で終わってたね。体験だけして喜んだってたいしたことないんだよ。本を読んで、「そうか」って納得することが大事。そうすると、これから来る時間の中で応用できるんだよ。

だから、いつもみんなに言うのは、体験だけをいくらしてもだめだということ。体験は横糸で、勉強は縦糸。体験だけしてても、横糸しかないわけだ。それと同じで、本を読んでわかっても、体験をしていなければ縦糸しかない。納得というか、会得するには、体験して、本でそれを確認して、その二つがきれいに織られていかないといけないんです。そうすると、しっかりした強く美しい織物ができるんだよ。自分の体験だけだと人に話せないでしょう。話しても、「あら、そう」で終わっちゃうか、「へんな人」と言われるかだよね(笑)。でも、潜在意識の仕組みを話したり、ユングがこう言ったよ、フロイトがこう言ったよ、と話せば相手にもわかりやすいし、自分自身も納得する。

〝人間はすごい〟と知った瞬間、自分の可能性も広がる

みんな、ぼくの話を聞いてるように見えるけど、じつはそうじゃなくて、ぼくの話をとおして自分の過去の話を聞いてるんです。たとえば、本を読んだり人の話を聞いていて、「ほんとうにそうだなあ」と思えるときというのは、自分の体験と重ね合わせているとき。共感できるものがあると、人は自然にうなずけるものなんです。〝潜在意識〟という言葉は知らないけど、酒井さんの言っていることは自分の体験からわかる、というようなね。ぼくの話をとおして自分の体験を反芻している。だからうなずけるんですよ。ぼくのセミナーが、〝自分を聞く場〟になっている。

体験して、その法則を本で確認すると、バシーッと心に入る。体験して確認、体験して確認、そうやっているとすごく強い織物になって、やがてそれが信念になる。体験だけだ

と理論がないから、体系づけられない。逆に、家にこもって本ばっかり読んでても、現象は何も起こらない。

ただね、本は読もうと思えばいつでも読めるけれど、体験はそうはいかないから、ある程度の時間が必要なんだ。たとえば、ぼくはいま『精神力――その偉大な力』という本を読んでいるけれど、これで21回目。読むたびに裏表紙に読み終わった日付を書くんだけど、1回目は1968年、42年前だよね。1ヵ月の間に20回読んだわけじゃなくて、20年、30年、40年の間に20回読んだってこと。だから、その間に体験があって、強い織物ができる。1回目、2回目、3回目では、読んだ感じがぜんぜん違うんだ。

あたりまえだよね。その間にいろんな体験をしているわけだから。最初わからなかったことがわかってくる。ああ、これはあのことだと、自分の体験をとおして、書かれていることが徐々にわかってくる。本を読んでない人でも、体験はしてるはずなんだ。でも本で納得し、法

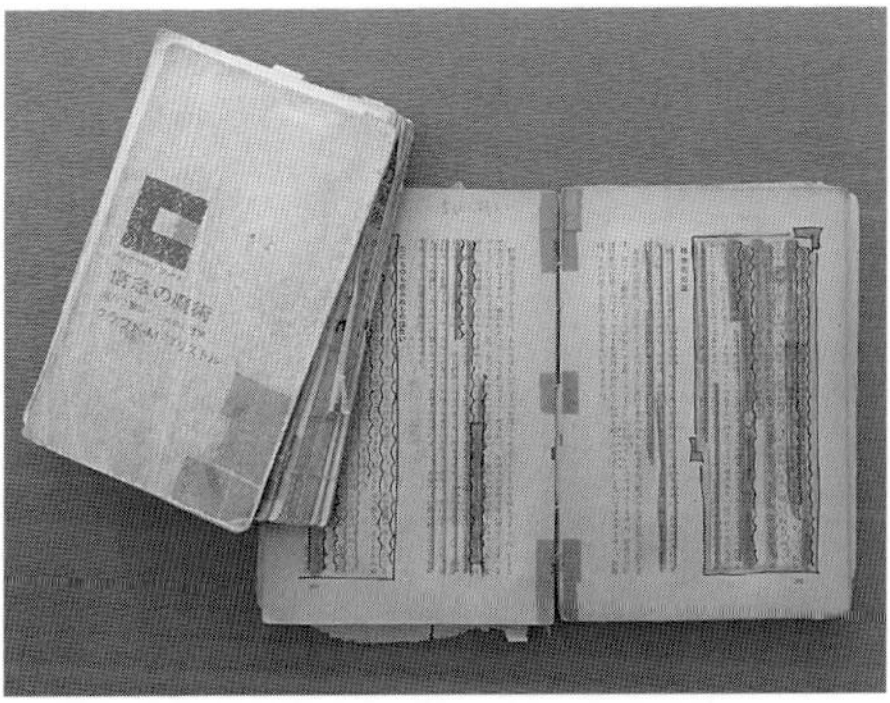

ボロボロになった本はいまも大切に手元に

則を見出さないと、理解が浅く、人にも話せないんだよ。

ぼくの場合は本を読んで体験もしてるから、しっかりとした信念になっている。だから、みんなが納得するように話せるんです。そしてぼくの話を聞いて、みんなが自分の体験を整理できる。〝シンクロニシティ〟という言葉を知れば、「ああ、あれもそうだったんだ」と分類できて、それができると今度は応用ができる。やっぱり体験だけではなくて理論も大切なんですよ。それが身につけば、自分なりに応用していろんな奇跡を引き寄せられるんだ。

凝り固まった考えを壊して自分を解放し、小さな、つまらない世界観から脱出すること。ぼくはみんなに〝愛する妻〟の話をする。〝ビーチサンダル〟や〝ピコ秒〟の話もする。みんな応用編だよ。ぼくは仕組みがわかっているから、応用ができる。体験だけだと「おまえ、おかしいよ」で終わっちゃうんだ(笑)。親や先生にインプットされた世界観よりも、ほんとうの世界はもっと広いんだっていうことがわかれば、自分も成功できるっていうことを信じられるようになるよ。

ぼくは、正直に言って、努力とか勤勉という言葉が嫌いです。なんか響きが重苦しいんだよ。だから25年前から、「成功したければ努力と勤勉をどぶに捨てろ」、とみんなに言ってるんです。努力と勤勉が成功の絶対の条件だと思っている人もいるけど、世の中はそんなに単純なものではないし、さまざまな縁も必要なんだよ。

ぼく個人は、努力や勤勉よりも大切なのは自分自身の可能性、つまり、潜在意識の存在とその知恵、そして、その圧倒的な力を知ることだと考えています。自分のなかの世界観が小さいと、いくらがんばってもすべてが小さくまとまってしまう。知らないことやイメージできないことは、やってみろと言われてもできないでしょう。でも、世界観が広がると、べつに努力なんかしなくてもずっと先まで行くことができる。人間は自分の世界観に応じて生きていくもの。せまい世界観でいくら努力しても、その枠を出ることはできません。

反対に、〝人間はすごいんだ〟とわかった瞬間に、自分自身の可能性もグンと広がる。学歴や人脈じゃない。朝晩朝晩、休みなく働くことだけが大切ではない。それよりも自分の脳のプログラムを書き換えること。努力以上にそういうことが大切だとぼくは思っています。

努力して成功する人もいて、それはそれで素晴らしいと思う。でも努力をするにしても、世界観を広げればもっと効率がよくなるよね。人間はだれでも生きる能力がある。だったら、自分の能力を最大限にいかすためのそういう感覚を学んだほうがいいと思わない？

柵を大きくした時点で、知らないうちに柵のあるところまで行けるものなんだよ。いつも鎖につながれてる犬が、鎖を解かれても鎖の届く範囲を越えられない、というビデオを見たことがある。おかしくて笑っちゃったけれど、人間も同じようなもの。犬のことを笑えないよね。鎖を外して、自分の力のかぎり大きく外へ飛び出すことだよ。

ぼくの場合、大きく人生観、世界観が変わったのは、2冊の本『信念の魔術』と『ユングと共時性』との出会いのおかげだね。『信念の魔術』との出会いは、それまでのぼくの人生観を根底からひっくり返すようなできごとだった。まあ、ぼくが27歳にしてまだ子供だったといえばそうかも知れないけど。でも、人がどう思おうと、ぼくにとっては衝撃だった。人生観が変わるには、そういった衝撃的な出会いが必要なんだよね。〝人生観がガラリと変わった〟っていうのは聞くけど、〝じんわり変わった〟なんて聞いたことないよね（笑）。とにかく、『信念の魔術』によって潜在意識の存在と働きを知ってからは、自分自身の可能性に興奮したね。５００年前アメリカ大陸が発見されたとき、ヨーロッパの人たちは新天地アメリカに夢を抱いて興奮しただろうけど、ぼくにとっての潜在意識の発見は、まさにそんな感じだった。

それから、19年後に出会った『ユングと共時性』。これにはまた異質な衝撃を受けた。宇宙の神秘に接したような感動だった。宇宙・森羅万象と自分とのつながりを感じたんだ。父をゆるすどころか、あらゆるものとの一体感、つまり〝ゆるす〟とか〝ゆるさない〟とかを超えた世界を一瞬感じたね。そうなると、その世界を体験したくて体が動くもんだよ。だから、ぼくは努力や勤勉じゃないと思う。それより、自分を含めて人間の可能性を知り、また世界観を広げていくことがより重要なことだと思うね。それと、われわれは何にもつながれていないことを知ることだね。

〝脳の取説〟――混乱した配線を整理してみては

たいていの人は、頭の中で成功を考えても、同じ頭の中で、〝だめかな〟〝無理かもなあ〟と考えてバッテンをつけている。

では、〝私は成功する〟と紙に書いた場合はどうだろう。もし頭のなかで〝だめかもしれない〟と思ったとしても、〝私は成功する〟と書いたその横に、わざわざ〝だめかもしれない〟と書く？　書かないよね。思ったとしても、書かない。ということは、頭の中は自由にコントロールできないけど、紙の上では、自分が書きたいことだけ、いいことだけを書くというふうにコントロールできるわけだ。これが、書くことのよさなんです。否定的なことはわざわざ書かないから、紙のうえではバッテンは存在しない。頭の中だけで考えてると、どうしても否定的なことが浮かんでくる。まして怒りや憎しみがあったらよけいにだめだよね。

　書くということは脳のコントロール、つまりプログラムの書き換えだよ。これをやっていくとどうなるかというと、だんだん脳自体がバッテンを考えなくなる。紙と鉛筆だけで、脳を変えることができるんだ。ぼくが「書きなさい」って言うと、「いや、書かなくても頭で思ってるから」と言う人がいる。そういう人は、脳というコンピュータの仕組み、からくりを知らない人。脳は道具なんだ。それも、思いを実現させる道具。でもその使い方を知らなければ、上手にはいかせないんだよね。

　あなたの持ってる携帯電話、説明書がついてくるじゃないですか。どんな小さな電気製品にもついてくるよね。でも脳の取扱い説明書ってないんだよ。人生を左右させる脳なんだけど、その取扱い説明書がないというのも不幸だね。ぼくがしゃべってるのは、言ってみれば脳の取扱い説明書なんです。〝脳の取説〟。心理学者の本なんかはね、ちょっと難しい。あれは学問だからね。ぼくはそれをシンプルにして、みんなにわかりやすく話しているつもり。

〝脳は道具〟と、ぼくはいつもグループの人たちに話してるんだけど、紙とペンもすごい道具なんだよ。潜在意識を学んでから、ぼくは紙に書くということが習慣になってた。ネットワークビジネスのすごさを発見したのも、紙に書くという習慣のおかげだったね。「月収1千万！」の直感でスタートしたころのある日、フォーエバーの販売プログラムを見ながら、紙とペンで思考実験をしてみようと思いついた。

たとえば、まずぼくがアロエベラジュースを毎月1本6ヵ月間飲むとするよね。つぎに、翌月、3人の〝毎月1本6ヵ月〟の仲間ができたとする。翌々月には、その3人にそれぞれ同じように3人の〝毎月1本6ヵ月〟の仲間ができたとする。で、それが仮に3人、9人、27人、81人…と広がったら、いくらぐらいの収入になるんだろうと、畳に腹ばいになって、軽い気持ちで紙に書き始めた。だんだんと複雑になって電卓も必要になった。毎月の収入を計算しながら、せいぜい30万くらいかな、なんて思っていた。

で、いくらになったと思う？　10ヵ月間の累計が、2千万円を超した！　何回も検算したけど結果は同じ。こんなこと考えられる？　驚いて、台所にいた茂代に「1千万！　1千万！」と大声で叫んだ。茂代は、へんな顔をしてぼくの顔を見ただけだったけど。

もちろん実際には、それほど理想的にことは運ばないだろうけど、この紙の上での思考実験がネットワークビジネスのすごさを知った一瞬だったね。それで「月収1千万」が確信になったんだよ。いまでも、そのメモ書きは大事にしまってあるよ。

ぼくは27歳のときに『信念の魔術』に出会わなければ、おそらく住み込みの生活に戻ってうだつのあがらない人生を送っていた。でも、たまたま運良く『信念の魔術』に出会い、自分の潜在意識を使って生きていこうと決めたんだ。ネットワークビジネスもそう。人生のどん底で雷に打たれたような体験をして、これを自分の仕事にしようと決めた。だからぼくは両方に感謝している。潜在意識なんて目に見えないし信じられない、正直なんて何の価値もないし、ゆるしなんて宗教みたいで嫌い…。そういうふうにしていたら、せっかくのチャンスを逃していることになるんじゃないかなあ。まして、ネットワークビジネスのことをネズミ講とか違法な商法だなんて誤解をしたままでいたら、もったいないなあと思うけど。

もっと素直に心を開いてみればいいのに、と思うよね。この本を読んだ人が一人でもいいから、〝へぇ、そうか〟と思ってくれたら嬉しい。〝そういう世界なのか、そういう可能性があるのか〟とね。

つまり大事なのは、自分の心の解放なんです。過去にこだわったり、どこかにしこりがあるといろんなことがうまく運ばない。もっと心をゆるめて、ゆるしたらいい。そうするとエネルギーが解放されて、心が積極的になって、未来に向かって進んでいける。自分の世界に閉じこもっていたら、エネルギーが停滞して縮こまっちゃう。ぼくもまだまだ修行中の身なんだけど、誰かのヒントになれたらうれしいし、〝自分にもできるかもしれない…〟、そう思ってもらえたら一番だよね。

世界は自分を中心に回っていると考えればいい

ぼくが好きなことのひとつは、頭のなかでの神との会話。〝神様、ぼくはこれからどうしたらいいですか。ぼくはこうしたいんですけど、どうですか〟って。神、というのがピンとこなければ、サムシング・グレイトでもいいし、ぼくの尊敬する中村天風さんは宇宙霊と言っている。何でもいいんだけど、ぼくは簡単だから神と呼んでるんだ。その神の意図と自分の意図が一致したほうが何事においてもうまくいくから、それを探る会話だよね。まあ、ひまがないとできないけどね。

だんだんとわかってきたのは、神（潜在意識）が聞いてくるポイントは、それがいかに人のためになるか、ということ。「月収1千万！」と叫んでチャレンジした理由のひとつは、自分の人生の帳尻を合わせるためだった。それまでの過去の屈辱的だった人生の帳尻を合わせるには、500万や600万じゃだめで、月収1千万円の実現だった。

でも、いまになってよく考えてみると、ぼくの立場はいつのまにか逆転してしまったようだ。大勢の人の世話になって、みんなに助けられている。ぼくが人を助けているのが1とすれば、助けられてるのが9だと気がついた。これでは帳尻が合ってないよね。今度は人に恩返ししなくちゃ。人生のどん底で考えていた帳尻と反対になっちゃった。これでは神様に申し訳ないですよ。

ぼくの恩返しは、ぼくを助けてくれた潜在意識の存在を周りの人に伝えること。そのためには、ある程度成功しないといけないんだよね。そうじゃないとみんなが話を聞いてくれないでしょう。まずは人が耳を傾けてくれるだけの人間にならなければいけない。ぼくは博士でも学者でもないんだから、成功しないと人にメッセージを届けられないんだ。ぼくは人に伝えていきたい。この本もそのためのものなんだ。

ぼくはネットワークビジネスに経済的な苦境から救われた。この仕事をやるやらないは別として、大勢の人に、こういう選択肢もあるんだということを知ってもらいたい。

ネットワークビジネスにはものすごい可能性があるし、そこに潜在意識が加わると、もっとすごい力を発揮する。このビジネスをよく知らずに敬遠している人もいるけれど、その人たちにこのビジネスの本質を知ってもらって、また、潜在意識で成功した男がいるんだということを知ってもらいたい。学歴がなくても、人脈がなくても、心しだいで成功できるということを伝えるのが、ネットワークビジネスに救われた恩返しであり、潜在意識に出会った恩返しだと、ぼくは考えているんです。

どんなところにいても、どんなシチュエーションでも、世界は自分を中心に回っていると考えると、いろいろなところにヒントが見つかるものです。一見、自分には関係なくても、そこに何かのメッセージを感じ取る…。それは言い換えれば、〝いつも自分を主人公におく〟ということなんだ。潜在意識を、とくにシンクロニシティを勉強していると、関係ないと思っていたものが互いに関係しているということに気がついてくる。自分の意志ではなくて、何かに導かれていると感じられるようになるんだ。

誰にとっても、世の中はその人を中心に回っていると考えることができるよね。たとえば、ネットワークビジネスもフォーエバーも、ぼくのためにできたわけじゃないんだけど、それらはぼくの人生と密接にシンクロしてる。タイミングがドンピシャリだし、そこには何か深い意味があるはずなんだ。

数あるネットワークビジネスのなかでも、フォーエバーに出会ったというのがまたすごい。山形さん（フォーエバーリビングプロダクツ　取締役副会長）がフォーエバーを米国から日本に持ってこようとしたとき、3年間販売許可が下りなかったそうなんだけど、ぼくにとってはそれがまたよかった。あれはぼくを待ってたんだと思う。だって、3年早く許可が下りていたら、ぼくはヨガ教室を開いたばかりで、フォーエバーの仕事に真剣には取り組めなかった。ぼくを中心に考えれば、ぼくのためにコンピュータ時代がやってきて、ぼくのためにネットワークビジネスが登場して、ぼくのためにフォーエバーが3年間足止めさせられていた、そういう物語ができるんです。そう考えると楽しいでしょう?

ここで、必要なものはただ一つ、〝想像力〟です。自分の物語を考えられるかどうか。ぼくはこうやって自分の物語をつくる。でも、あたりまえだけど、世の中は酒井満のためにあるわけじゃない。一人ひとりが主役なんだから、自分を主役とした物語をつくればいいんだ。

「月収1千万!」を宣言してフォーエバーをやりはじめたけど、声をかける人もせいぜい週に二人。どうしよう…と思いあぐねていたころのある日、ふと、〝おれが広めなくても、アロエは広がるだろうなあ〟と思って、なぜかアロエベラの女神との会話が始まった。

「ちょっと相談があるんだけど」「何よ」「あなたはボトルになってて、歩くことも、話すこともできないけど、ぼくには手もあり、足もあり、話すこともできる」「それで?」「で、ぼくがあなたに手も、足も、口も貸してあげるから、その代わりにぼくの体を通してみんなにあなたのよさを伝えてくれない? それと、あなたが広がってくれると、お金が入ってくるの。あなたにはお金は必要ないだろうから、〝アロエベラは体にいい〟という名誉はあなたで、お金はぼくがもらうって、どう？」「いいわよ」

まあ、子供じみてくだらないと思われるかもしれないけど、ぼくは真剣だった。それでどうなったと思う？　10年後には、月収1千万円を達成し、ぼくが主催する毎月の勉強会が2000人を超すようになったんだ。これも潜在意識の力、物語の力だよね。

〝正しい自分主義〟で相手をオドオド気にしない

自分は、両親の子供だなんて考えなくていいんです。育ての親ではあるかもしれないけどね。両親の子だと思うからスケールが小さくなっちゃう。遺伝子の勉強をちょっとすれば、両親は通過点だってことがわかるでしょう。だからね、「ほんとの親じゃないのに育ててくれてありがとう」って感謝したほうがいいよ(笑)。あなたは、ほんとうは神様の子なの、サムシング・グレイトの子なの。だから、あなたは大切な存在。親のことばっかり意識しないで、もっと自由におおらかに生きていいんだよ。

自分を大切に思い、肯定すること。そこからすべては始まっていく。これは宗教とかそんなのじゃない。みんな、神の子なんだよ。そう考えると心が解放されるよね。心が解放されれば、何かすごいことが起きてくるんです。

ぼくの話を聞いて、みんな「スッキリしました」「しこりがとれました」と言う。「私は自由なんですね?」と聞く人もいる。そんなの、あったりまえだよね。誰に遠慮することもない。あなたは、あなたが主役であるところのあなたの人生を自由に生きればいい。そう言ってくれる人が、みんな周りにいないみたい。だからぼくの話を聞きにくるんだと思いますよ。

軽井沢のゲストハウスも、自分たちの物語としていつも語っていたから実現したんだ。ぼくは茂代と、大きな家を見つけては、「ああいう家、いいね」「あんな家に住みたいね」と話していた。夫婦の会話に、いつも自分たちの夢が入っている。みんなにも言うんだけど、これはお金があるとかないとかじゃないんだ。夢をいつも話していると、それを叶えるための条件が自然に揃ってくる。必要な仕事が現れて、必要なお金が入ってくる。はじめに夢ありき、なんだよ。

ふつうは逆だよね。「お金があったら何を買いたい?」と言う。でも反対に、夢を先に持つことだと言っているんです。軽井沢のことは、その一つの例。〝できるできない〟じゃなくて、自分はどうなりたいのか。そして大切なのは、その夢を信頼する仲間と語りあうこと。夢というのは頭のなかで考えているだけではだめ。考えているだけだと、ただ頭のなかを巡っているだけになっちゃう。だから、紙に書く、声に出す。声に出すときも、一人じゃなくて相手がいたほうがいい。その相手も、自分の夢にケチをつけるような人だと話が前にいかない。だから一番いいのは夫婦なんだよ。将来の夢を語りあう一番の相手は妻であり、夫。だって、夢が叶ったときに喜びあう相手なんだからさ。夫婦で心地よく将来の夢を語り合わなくてどうするの？

「主人と夢を話しあったらけんかになる」って言う奥さんもいたけど、どうも夢を語りあっている夫婦は少ないみたいだね。夫婦で夢を語る場を持つことだよ。だって、他人にはほんとの夢なんて言えないじゃない。他人に、「将来どこそこに住みたい」なんて話してたらおかしいよね。夫婦だからなんでも話せるんだ。そのためには夫婦関係をよくしておくこと。緊張感があったら、夢なんて話せないから。

関係がよくないと、あたりまえのことや世間のうわさ話ぐらいしか話せないものだよ。将来の夢を話すには、ある程度意識のレベルが同じで、心が深く交流していないとね。他人に「私の夢、聞いてくれる?」なんて言っても、優しい人は一度や二度なら聞いてくれるかもしれない。でも1年も2年も10年も、誰があなたの夢の話を聞き続けてくれるの(笑)？　成功したければ、いつでも会話ができる人と夢を語りあうこと。だから理想の相手は、妻であり、夫なんだよ。

ぼくは結婚したときから夢をしゃべってる。茂代は、26年前の、死ぬか生きるかの土壇場のときも、いつもぼくの話を聞いてくれた。そのときの会話は、たとえばこんなふうだった。「宝くじで1億円当てて、オーストラリアのパースに住もう。土地は500坪あったらいいね」とか。ある日、茂代に「ぼくときみは、億万長者だったんだよ。50年後のことだけどね。『バック・トゥ・ザ・フューチャー』じゃないけど、きみが〝昔はお金がなかったけど、私たちも若かったし子供たちも可愛かったし、あの頃に戻りたいなあ〟と言ったから、タイムトラベルして過去に戻って来たんだよ。自分がそう言ったの覚えてる？」と言ったら、「いますぐ50年後に戻りたい」だって(笑)。で、ぼくはこう言ったの。「すぐには帰れないの。でも未来は億万長者だから心配いらないんだよ」

ぼくたちは、土壇場のときでもこういう会話をしてたんだ。だから、なんでも「ハイハイ」と言う二十歳の子と結婚したかった。自分の夢を語ってるときに「あなた、何言ってるの」と言うような人とは結婚したくなかった。二十歳であれば、ぼくの夢を聞く耳をもっていると思ったんだ。年をとればとるほど、「そんなの無理よ」と常識が入ってきちゃう。二十歳でも常識につかってる人とは結婚したくはなかった。だからぼくは、ぼくの話をただ「ハイハイ」と聞いてくれる女性を選んだんだ。

ふつうの女性だったら、そんな経済状態のときに、まるで夢物語みたいな話をされたら、すぐ家を飛び出しちゃうでしょう(笑)。ぼくはどんな苦境にあっても、彼女にいろんな話をした。そして彼女はそれを聞いた。これはすごいことだよ。でも、それが夫婦だとぼくは思ってる。家族といっても、夫婦が基本。子供だけが生活の中心になっているようじゃ、ほんとうの家族の姿じゃないよね。夫婦の絆がしっかりしてないと。

日本では、奥さんをあまり大事にしないね。家で大事にしてたとしても、外ではけなしたりね。ぼくはどこでも茂代のことを「神様のプレゼント」と言って紹介する。それを聞くと、とくに男性はびっくりするみたいだね(笑)。

でも、べつに茂代を喜ばせるために言ってるんじゃないよ。ぼくは、相手は関係ないんだ。つねに一方的だから(笑)。相手に感謝されたいから感謝する、ではない。感謝してるから感謝する。人間はつい相対的になりがちだけど、絶対的じゃなくちゃだめだと思う。相手が愛してくれるなら私も愛する。相手が嫌うなら私も嫌う。これじゃあ、いつも精神がばらばら、綱渡りしてるみたいで落ち着かないでしょう。

人は気にしなくていいから、そのかわり、神を気にしたほうがいい。そうじゃなくちゃ、いらいらして生きていけないですよ。夫婦であろうと他人であろうと、相手はどう思ってるかなんておどおどしないで、天にまかせる。それくらいの迫力をもって生きていかなくちゃ。自分がやろうと思ったら、やる。それだけのことです。人がこうしてくれたらできるかも…、ではないんだよ。

ぼくはフォーエバーの仕事を始めたころは、グループのみんなによく言ってた。「あなたたちが全員やめても、ぼくは月収1千万をとってみせる」って。これはもちろん、〝やめて〟と言ってるんじゃないですよ。そうじゃなくて、仮に全員いなくなっても、ぼくは自分の言ったことをやってみせる、という決意の表明。人をあてにしていたら、何もできないということです。

他人に夢を語れなくても、せめて夫婦で語りあってください。「おまえ、何言ってるんだ？」「あんた、何考えてんの？」なんて言ってたら、夢のつぶしあいだよね。でもそれが世の常識らしい。ぼくが非常識なのかな。だから結婚するときに、ふつうの女性じゃだめだと思ったんだ。常識にどっぷりつかってる人だったら、女であれ男であれ、ぼくにはついてこれない。でも、こんなに大勢の人がぼくの話を聞きに集まってくれるっていうのは、ぼくが自分の言ってることを実践し、夢を実現しているからだと思いますよ。

でもやっぱり、茂代はすごいよ。つくづくそう思う。ぼくの母は昨年98歳で亡くなったけど、いつも言ってた。「おまえがこうなれたのも、茂代のおかげよ。大事にしなきゃ」って。

ユング学者が潜在意識を活用していないのに唖然

ユングを日本に紹介したのは、元文化庁長官の河合隼雄さんです。日本では、河合さんと湯浅泰雄先生がこの分野の双璧なんだけど、ぼくはある出版社の社長の紹介で湯浅先生とお会いしたことがあるんです。「おれは学者は苦手なんだ」って言って断ってたんだけど、あんまり一生懸命会わせてくれようとするから、「じゃあ、お願いします」と。

それで新宿で食事したんだけど、ぼくは湯浅先生が訳した本を何冊か読んでたから、「先生の訳されたこの本も読ませてもらいました」と言って、持っていった『黄金の華の秘密』（C・G・ユング　R・ヴィルヘルム著／人文書院）をお見せした。そうしたら先生が、「ああ、この本は売れてないんだ」とつぶやいて、今度はぼくに質問されたんです。「ところで、この本の中身とあなたの成功はどこに関係があるんですか？」。どうも紹介者から、ぼくがビジネスにも潜在意識を生かして成功していることを聞いてらしたんだな。それでぼくは、「いやあ、すごく役に立ちます。助かりますよ」と、答えました。

それで、「先生はシンクロニシティについて書いていらっしゃるし、ライフワークとして50年ユングを研究されてますよね。もしよろしければ、先生のシンクロニシティの体験談を一つでも聞かせていただけませんか」と遠慮がちにお願いしてみた。そしたら先生は、「ああ、それはないです」と即答したんだ。

びっくりしたねえ。そのときのショックといったらないよ。一瞬しらけちゃってね。食事のあと、コーヒーでも、と近くの喫茶店へ移り、タイミングを見て「でも、先生はご自身でもシンクロニシティについて書いていらっしゃいますよね」と勇気を出して食い下がると、「あれは皆さんがあるっていうから書いてるんです。私には、ない」と。

このことからわかったのは、学者はあくまで学者だということ。でも、先生のような学者がいてくれるからぼくはユングを知ることができた。ユングの原書なんて、とてもじゃないけどぼくには読めない。それを学者さんたちが研究し、訳してくれるから、ぼくが読むことができた。ぼくにとっては、学者は媒体なんだよね。

あんなに難しい本を書いていても、先生自身に実際の体験はないという。ぼくはなんだか自信を持ったんだ。研究は学者に任せて、ぼくは体験で磨きをかけようと思った。それに徹しようと。学者は学者ですごいんだけど、ぼくとは分野がまったく違うんだよ。

それにしても学者っていうのは素直だなあと思ったね。ふつうだったらちょっと考えて、たとえ体験がなかったとしても、「いやあ、たいしたもんじゃないから」とか言ってお茶を濁すよね。でも湯浅先生は、あっけらかんと「ない」って。ある意味で少年のようだよね。体験を持ってないことに対して、何にも思ってない。学者っていうのは世間ずれしてないなあ、素敵だなあと思った。ぼくだったら、なんだかんだ言ってごまかすと思うけどね(笑)。

その会談のあと、湯浅先生とぼくとの共著で本を出そうという話があった。先生は、「酒井さんが体験を書いて、ぼくが理論を書く。かれとだったらやりましょう」と言ってくれていたらしい。でも先生はその半年後に亡くなられた。とても残念だけど、先生のご存命中に会うことができて、ほんとうによかったと思っているんです。

ぼくはこの世に生まれて、たくさんのプレゼントをもらっているけれど、一番大きなプレゼントは茂代、つぎはフォーエバー。だって人生においての大きなイベントは結婚と仕事でしょう。結婚と仕事がうまくいってたら、人生幸せだよ。ぼくを主人公とした物語は、ほんとうにすごいと思う。みんなも同じように自分の物語をつくればいい。

女性が大勢ぼくの話を聞いてくれるのは、こういう話を聞いたことがなくて、おもしろいからだろうね。二つ三つのエピソードだけだったら、みんな「たまたまでしょう」と言って聞きにこない。でも、そういうことがたくさん起きるから、〝ここには何かある〟と思って聞きにくる。その何かっていうのは、潜在意識とシンクロニシティのことなんだけどね。

これはぼくだけに起きていることじゃない。ぼくだけにしか起きなかったら楽しくないよ。ぼくの話を聞いて、みんながいい種を蒔いて、たくさんのいい果実がなっている。だからぼくはいつも全力で話すんです。

たとえば、ぼくのグループのリーダーに75歳の女性がいるんだけど、今度宇宙に行くんだよ。ぼくと彼女が出会ったのは25年前。それまで彼女は長いこと栄養士として働いてた。はじめて会ったとき、ぼくは彼女に「あなたは夢あるの？」と聞いたらしいんだ。そんなこと聞かれて彼女は頭にきたと言う。「この人何考えてるの？ 50にもなって、夢なんてあるわけないじゃない」って。

それがいまは、宇宙だよ(米国ヴァージン・ギャラクティック社による宇宙小飛行)。世界で約350人の申込者のうちの一人だよ。ということは、彼女は本当は夢をもってたんだよね。でも結婚して子育てして、また仕事して…。夢なんて埋没しちゃうんですよ。だけど、潜在意識の力を理解すると、埋もれてた夢がパーッと花開いちゃう。

フォーエバーの仕事を始めたときも、「月々15万あったらいいわ」と言ってたんだ。それが最高のときで年収4千万円だからね。まして宇宙旅行だよ。日本では約10人しかいないらしい。きっと心の底にはもともとそういう気持ちがあったんだろうね。

また、あるリーダーは貧しい家庭に生まれて、親の事情も複雑でおばあさんに育てられた。本当は大学に行きたかったけど貧しくて行けなかったから、結婚後に通信教育で大学を出たという、すごい向学心の持ち主。フォーエバーの仕事を始めたとき、彼女には夢がたくさんあったけど、その中の一つは、３人の子供たち全員を自分の稼いだお金で留学させてあげたいという夢。その夢も叶えたけど、何年か前に都内にビルまで建てちゃったよ。

やっぱり夢を持ってる人はどんどん上がっていくね。リーダーになっても、夢を持ち続けているからまだ変われるんだ。夢を持つというのは、エネルギーの一つの形。夢を持っていないと何にも起こらないんです。彼女はいまも夢実現の進行形だよ。ぼくは、ああせいこうせい、とは言わないから、すべて自主的。そういう人を見るのはほんとうに楽しいよ。

夢は種、潜在意識という大地に植えて花が咲く

朝顔を咲かせようと思ったらどうする？　朝顔の種を買ってくるでしょ。種は袋に入ってるよね。その袋を持って「買った、買った！」って言ってても咲かないでしょ。どうするの？　袋を開けるよね。でもそれだけじゃだめ。土に蒔くでしょう。

それと同じことなんだ。「１００万円ほしい、１００万円ほしい」、そう言ってても、それはまだ袋に入ってる種。種を持ってるだけじゃ咲かないのと同じで、夢を持ってるだけじゃ実現しないの。夢を大地に蒔かないといけない。種の場合は大地だけど、夢の場合は

潜在意識。潜在意識に自分の夢を蒔く。そうすれば、潜在意識が実現させてくれる。

ぼくの話を月に1、2回聞いても、ヒントにはなるけどたいした意味はないんだよ。ただ聞いて満足してても種は蒔かれてない。大切なのは毎日の生活。自分で種を蒔くという行為をしなくちゃいけない。具体的にいうと、夢を書く、人にしゃべる。文字の力、言葉の力、イメージの力を駆使する。それを繰り返して、はじめて種を蒔いていることになる。それもしないで、ただ誰かの話を聞いたり、本を読んでるだけじゃ、種を持っているにすぎない。種を蒔くという〝作業〟をしないと花は咲かないんだよ。

朝顔は自分の力で咲くんじゃない。遺伝子に情報を持っているだけで、情報が大地に蒔かれたら、種の外はぜんぶ宇宙なの。宇宙がよってたかって種を割って成長させ花を咲かせるの。夢というのは、潜在意識という場が咲かせるんだ。あなた方があちこち動き回らなくても、ちゃんと種を蒔けば、それに反応して宇宙が働いてくれる。

種ばっかりたくさん集めて箱に貯めて、「私には夢がいっぱいある！」って喜んでたって何も起きない。その種を蒔かなくちゃだめなんだよ。

ぼくの好きな言葉は、〝人生は一回〟。この本当の意味をわからなきゃだめだよ。ずーっと生きていると思ったら大間違い。20代も一回きり、30代も一回きり。そう考えると身が引き締まるでしょう。そういう意識がないと、節のない竹みたいなもんで、ただヌボーッっと生きてるだけ。何にも起きやしない。

50代も60代も一回。そんなことわかってるって思うかもしれないけど、みんなわかっちゃいないと思うね。このことがわからないまま生きてるなんておそろしいよ。反対に、このことがわかると、嬉しくなっちゃうんだよ、命のあることが。この限りある命のなかで、どうやって生きていくかってね。自分で決めるんだよ、人生なんてものは。「私は幸せになれますか？」って言われたって、知らないよねえ。自分で決めるんだからさ。選択の自由はあなたの手のなかにあるんだから。

自分の人生、自分で生き方を決めるんだけど、あまり頑固じゃいけないし、そうかといってあまり柔軟になって、どうでもいいっていうんじゃまずいし。そこが難しいところだよね。そのバランスのとり方は訓練でしかうまくならない。強さと柔軟さの両方が大事なんだけど、そこの部分は説明のしようがない。体験の繰り返しで習得していくことです。たとえば、昔の職人だったら、親方の真似をするでしょう。これは言葉で教えられることではなくて、真似をして覚えるしかないことなのかもしれないね。

潜在意識を実生活に使ったおもしろいエピソードを話そうか。うちの子供たちのことなんだけどね。ぼくはこの仕事を始めた当初から家族のことをよく話してるんだけど、あのときぼくは40代前半。話を聞きに来てた人も、同じような家庭環境の女性たち。子供のこと、夫婦のこと、みんないろんな問題を抱えていたよね。

ぼくらはフォーエバーの仕事をやってるわけだから、ぼくは当然、商品の話も仕事の話もしたけれど、一番おもしろかったのは潜在意識の話だったみたい。みんな、どちらかといえば家庭生活のヒントをもらいに来てたんじゃないかな。

うちの長男の名前は、泰士。かれが1歳になるかならないかのときのこと。35年前の話だね。夜遅く帰って、晩ごはん。おかずに肉がない。「茂代、今日も肉ないの？ 3日連続肉がないよ。こんなんじゃ力が出ないよ」って怒った。

そしたら、「だって雨が降ってて買い物に行けない」「そんなの関係ないだろう。歩いて5、6分なんだから」「でも、雨が降ってると乳母車に乗せられないから、たいちゃんをおぶっていかなくちゃならない。そうするとずっと泣いてるから行けないの」。子供のこと言われちゃうとぼくも弱いからさ。

でも、ここがふつうの人とは違うところ。ぼくはよくひらめくんだよ。「わかった。じゃあ、おれの言ったとおりにやりなさい」。彼女は素直で、ほんとに何でも「ハイハイ」だからね。

「たいちゃんが寝たらね、寝入りばなにね、ちょっと離れて、やさしくね、こう声をかけなさい。〝たいちゃんはおりこうだから、お母さんがおんぶしても、泣かないよね〟」

「だってまだ言葉がわからないわよ」

「それは理屈なの。そんな常識いらないの。ぼくは潜在意識の勉強をしてるんだから、ぼくの言ったとおりやればいいの」

　翌日仕事から帰って、ドアを開けたときの、茂代の驚いたような笑顔。35年たった今でも忘れられないね。それで、「どうしたの？」と聞くと、あの茂代が体じゅうで興奮してさ、

「すごいの、すごいの！　今日買い物行ったときにね、たいちゃんが泣かなかった！」

　よく聞いてみると、前の晩、ぼくの言ったとおりにやって、翌日おんぶしたら、泣かなかったんだって。一時的かと思ったけど、買い物に行くために玄関を出ても泣かない。歩いてても、お店に行っても泣かない。結局、最後まで泣かなかった。それでびっくりしちゃって、早く話したくてぼくを待ってたんだ。

　これもぜんぶ、潜在意識の力。この方法は『自己暗示』に書いてあったんだ。これは素晴らしい本ですよ。みんな、本を読んで「いい本だ」とか言うけど、書いてあることを読んだだけでいい本だと言ってはいけない。書いてあることを実践して、そのとおりだったた

ら、はじめて「いい本だ」と言いなさい、とぼくは言うんです。自分で実験してみてうまくいけば、そのときはじめて〝いい本〟になるんだよ。『自己暗示』に書いてあったのを読んだときは、ぼくもただフーン…と思っただけで、忘れてたんだ。でも茂代から泰士が泣いて困るって聞いて、ハッと思い出した。そうだ、あれをやってみよう、ってね。潜在意識はやっぱりすごいんだよ。こういう体験をすると、否応なく自分のものになっちゃうよね。知識だけじゃ、しかたないでしょう。

「神様がついてる！」意味不明の言葉のもつパワー

今度は、次男のけんちゃんの話。けんちゃんはね、あんまり勉強が好きじゃなかったんだよね。かれが小学校3年生のとき、ぼくは「おれの子がなぜできないんだろう」って不思議に思ってた。当時、ぼくはあんまり子供のことに関わってなかったんだよね。でも、あんまりできないから、ある日けんちゃんにこう話した。

「けんちゃん、ちょっと勉強がうまくいってないみたいね。それで考えたんだけど、これからお父さんが勉強を教えようと思う」

けんちゃんは、かわいいおとなしい子でさ。「うん」と言う。それで3年生の算数の教科書をもってきた。ぜんぜんわからない。「じゃあ2年生からやろう」。わからない。3学期、

2学期、1学期…、わからない。だんだんぼくの表情も硬くなってくるんだよ。だって、ぼくは算数はとくに得意だったからね。

かれは、学校に行くときに歌をうたってて、よく聞いてみると、昔テレビでやってた『ヤン坊マー坊天気予報』の替え歌のようだった。元の歌詞は、〝ぼくの名前はヤン坊、ぼくの名前はマー坊〟っていうんだけど、けんちゃんは「ぼーくのきらいな算数、ぼーくのきらいな分数」って歌ってたんだ(笑)。

それでぼくは、「けんちゃん、まず歌を変えよう」。そんなわけで特訓を始めたんだけど、3日くらいやったら、ぼくのほうがだんだんイライラしてきちゃってさ。教えてる最中にけんちゃんを見ると、かれの目つきも変わってきて、それまでのぼくを見る目とぜんぜん違う目になってた。あのかわいいけんちゃんの目じゃなくなってたんだよね。

ぼくはハッとして、〝もしかしたら、おれは悪いことをしてるんじゃないか〟と思ったんだ。こういうとき父親はどうあるべきか…。けんちゃんの、あのかわいさがなくなって、勉強ができるようになったところでそれが何なの？　と思った。それで、ぼくはけんちゃんのかわいさを優先することにした。

「けんちゃん、もうお父さんはきみに勉強のことをいっさい言わない」

そう宣言した。それで2、3日したら元のけんちゃんに戻った。

勉強ができるようになって、いい大学に行くのも一つの道。でも、そのかわりにぼくとの関係が悪くなって、いつか結婚して孫ができてもぼくのところに連れてこないなんていうことになるのがいいのか、あるいは勉強ができなくてもいいから、ぼくとのいい関係を保って、結婚してもしょっちゅう遊びにくるようなのと、どちらを選ぶかといったら、ぼくはけんちゃんとの人間関係を大切にしようと思った。学校の勉強よりも、けんちゃんとの人間関係をとったんだ。

4千万の借金を抱えたときも、子供たちがいなかったら間違いなくぼくは死んでたろうな。茂代は二十歳で自分で判断してぼくと結婚したけど、子供は意識的にぼくのところに生まれてきたわけじゃない。ぼくが死んじゃったらどうなるだろうと、申し訳ない気持ちだった。子供の存在がぼくを勇気づけてくれ、助けてくれたんだ。ぼくは、子供たちに恩を感じている。だから、ぼくが生きている間はいい人間関係でいようと、かれらがいやがることはやめようと思ったんだ。

ぼくのグループの人たちも、みんな同じような年の子供がいるから、こういう話も参考になるよね。

けんちゃんの話には、受験編もあるんだよ。けんちゃんも、おかげさまで学校はちゃんと行ってた。それで高校受験が迫ってきたんだけど、行く高校がないんだよね。勉強は嫌いだしさ。でもぼくは怒らないことに決めたから、何も言わなかった。学校の先生も行くところがないって言う。それでけんちゃんに話をした。

「けんちゃんね、人生は自由なんだよ。高校に行っても行かなくてもいいんだ。でも高校に行かないと社会に出なくちゃいけない。ということは、仕事をしないといけない。みんなそうなんだ。進学をやめて社会人になったら働かないといけない。それでね、中学を出て働くとなると、働く場所が限られてくる。高校へ行ったら、とりあえず働かなくてもいいし大学だっていけるし。問題はね、言いにくいんだけど、高校に入るには試験があるんだよ。それを考えて、自分でも探してみたらどうだろう」

するとある日、行きたい高校があったっていうんだよ。当時はまだ少なかったんだけど、土日が休みで、自然がいっぱいあって、雰囲気もよさそうで、けんちゃんにぴったりのところだったな。「いいところがあったねぇ。でも試験があるよなぁ。じゃあ、がんばってみたら」、それで話が終わった。

でもけんちゃんは相変わらず、勉強してるのかしてないのかわからない。受験が間近に迫った。

そんなある日、茂代と車に乗ってたらすごくふさぎこんでるわけ。「おまえ、けんちゃんのこと考えてるんだろう」。受験生を持った母親っていうのはたいへんだよね。

「でもね、茂代、考えてごらん。人間っていうのは思ったことが実現するの。きみは、親が子供のこと心配するのはあたりまえだと思ってるでしょ。でも、それがどれだけ間違ってるかわかる？　ぼくはいつも潜在意識のこと言ってるよね。心配だろうがいいことであろうが、なんであろうが、頭で考えていることが実現する。おまえはけんちゃんのことを心配してる。なんで心配かっていうと、落ちたらどうしようと思ってるからでしょ。あってほしくないことを考えるから心配なんでしょ。おまえはけんちゃんのことを心配してるつもりかもしれないけど、ぼくから見ればけんちゃんの足を引っ張っている。そのことがわからない？」

それで、実際はどうであろうと、けんちゃんが受かることを考えようという話をした。そうすれば顔も自然にほころぶでしょう。母親が子供を心配するのもわかるし、現実を見たら難しいんだけどね。

でも、ぼくはずっと潜在意識でやってきたんだから。現実は関係ない。けんちゃんが「ただいま」って帰ってきて、きみがそんな顔をしてて、ぼくも同じような顔をしてたら、けんちゃんはどう思うか。直感的に「ぼくは試験に落ちる」と、そう思うだろう。逆に、「おかえりなさい！」と笑顔で言ったら、明るい気持ちになるだろう？　そう話すうちに、茂代もだんだんわかってきた。

で、けんちゃんが帰ってきた。ぼくは、「けんちゃん、大丈夫だよ。試験のことは心配するな。けんちゃんには神様がついてるから、大丈夫！」って言って肩を叩いた。もう意味不明の言葉。いいんだよ、意味不明で(笑)。あとは何にも言わなかった。茂代も暗い顔をするのをやめた。そして試験が始まり、結果、見事に受かったんだ。

けんちゃんが入学して数ヵ月たったとき、高校の文集が出た。「けんちゃんのも載ってるの？　見ていい？」「いいよ」。それを読んでぼくは、ものすごく感動したんだよ。

たしかタイトルは、『受験のときの思い出』

〝受験がどんどん迫って、ものすごく心が苦しくなった〟

エッ？　そうだったの？　これには驚いたよね。けんちゃんが苦しんでたなんて、ちっともわからなかったから。

〝そのときに父が「けんちゃん、神様がいるから大丈夫」と言ってくれて、ぼくはホッとした。それで受かったような気がする。父に感謝する〟そう書いてあった。

ぼくはみんなに、こういうことを話すんです。みんなフォーエバーの仕事でお金を稼ぎたいって言ったって、母親っていうのは、いつも子供のことを考えながらぼくの話を聞いてるんだよ。それでぼくの話を聞いて安心する。そのために来てるようなものかもしれないね。

子供との関係、だんなさんとの関係がよくないと、心が楽にならない。そうしないといい仕事もできない。けんちゃんもそうでしょう。心が楽になったから、きっと受験もうまくいったんだ。そう作文にも書いてあったしね(笑)。けんちゃんには申し訳ないけど、けんちゃんの話はすごくみんなの役に立ってると思うよ。

女性というのは、家庭のことも子供のことも仕事のことも、そんなにはっきりと区分けしているわけじゃない。男は、家庭は家庭、仕事は仕事。女は買い物から仕事から、ぜんぶ一緒(笑)。ぼくだったらわけがわからなくなりそうだけど、女性はみんな天才だよね。ぼくなんか、茂代がいないときに味噌汁あったためて食べてって言われるでしょ。火の前から離れられないのね。ずーっと見てる。ちょっと離れると忘れちゃって、何回も失敗してる。女性はみんな、いろんなことを同時にこなすよね。あれが不思議だよなあ。

ぼくはそういうことはできないけど、ぼくの話は仕事も家庭も子供も、ぜんぶが渾然一体となってる。ぼくはまず、楽しいことが最優先。楽しくてお金が入るからこの仕事をやっている。人生はそういうものだと思ってるから、そういう仕事がくるんだよね。不思議なものでね。人生は楽しむべきだと、心底思っているから、それが現実になってるんだよ。

ゆるしたい、ゆるせない…このジレンマから脱出して

フォーエバーリビングプロダクツに出会い、10年かけて組織を拡大し、月収1千万円を実現したというのは、実際にすごいことだと自分でも思う。でも、その裏には心があった。だから、できれば現象よりも心を見てくれと言いたいんです。どういう心の状態でやったらこうなったのか。ぼくは学歴も人脈も資金もないどころか、4千万円の借金を抱えた状態から始めた。あるのは心だけだった。だから、誰にでもチャンスがある。いま現在は間違った心でも、変えることができる。人の心は変えられなくても自分の心は変えられる。学歴は変えられなくても、心は変えられる。いまさら東大はいけないし、これから人脈つくるのも難しいけど、心は変えられる。骨格も顔形も変わらないけど、心は変えられる。心って、みんなが考えてるよりもずっと柔軟なんですよ。だから、一番変えやすい心に注意を向ければいい。それなのに、変えられない部分にばかり注意を向けてたら、事態は改善されないよ。

ぼく自身、20代、30代の酒井滿とはまるで違う人間です。一人の人間の人生でこんなに変わるのかっていうくらい。人のことは分析しないけど、自分のことはよくわかるんだ。

おそろしいほどに違うよ。

ぼくの20代のベースは憎しみだったような気がする。いまあちこち講演に行くと、「〝ゆるす〟ということについて聞かせてください」というリクエストが一番多い。若い人も同じ。年齢に関係なく、みんなゆるせないものがあって、それを抑えてる。でもぼくが自分のことを包み隠さず話すから、自分だけじゃないんだ、と安心するんだよね。

みんな悩みを抱えている。でも、人にはなかなか言えない。人に言うものではないと思ってるしね。自分のなかのドロドロした感情を出すのは恥ずかしいことだ、こんなことを自分が思ってるなんて知られたくないってね。でもぼくはジャンジャン言っちゃうから(笑)、それを聞いて安心するんだろうね。自分のなかのドロドロしたものの存在を認めていいんだ、って。

それは、〝できればゆるしたい〟という気持ちがあるからですよ。みんな、〝もっと楽に生きたい〟という気持ちがあるから。だから、みんなぼくの話を聞きにくるんじゃないかな。

ぼくは、どういう心持ちでいたら運が開けるかといつも考えている。感覚人間なんだけど、理屈っぽいんです。物事にもすぐには夢中にならない。ずっと夢中になってるのは潜在意識だけだよね。そしてもっともっと勉強して理解が深まれば、自分がもっと成長できるような気がする。

ぼくはこの世の中の不思議さが好き。この世に生を受けたこと自体、不思議だなあと思うし、その謎を追求することがぼくの原動力だし、生き甲斐になっている。でも、そうするためには生活費もいるし時間もいるから、そのためにフォーエバーがある、そういうふうに考えているんです。

ぼくは哲学好きの親父の血をひいているから、どうしてネットワークビジネスが生まれたんだろう、どうしてぼくの人生と絡み合ったんだろう、どういう意図で宇宙はこういう動きをしているんだろうと、つねにそういうことを考える。今回、降ってわいたような偶然で、フェイラ夫妻とハワイで会えたことだってそう。自分でも考えられないような、すごい出来事だよね。

フェイラ夫妻の話を聞いたとき、ぼくはまだ小さな島国の世界に閉じこもっているような気がしたね。日本独特の閉鎖的な社会に身をおいていると、せまい人生になってしまう。いまはグローバルな時代、国境を飛び越えていろんなことができる時代なんだから、そこに乗っていかないとつまらない。せっかくいまの時代に生きているんだから。

もっとスケールの大きな話をすれば、人間という種は、チンパンジーから分かれて数百万年たっている。５百万年、あるいは６百万年と学者は言っているけど、その間に大きなイベントがいくつかあった。約1万年前にあった大きなイベントは、農業のはじまり。要するに、種を蒔いたら作物ができるということ。あたりまえだと思うかもしれないけど、このことがわかるのに何百万年もかかったんだ。10万年前にタイムスリップしたら、そんなこと誰も知らないよ。トルコのどこかで誰かが発見したらしいけど、それがゆっくりと世界各地に広まっていった。すごいことだよね。

そのあと、さらにすごい、文字の発明という出来事があった。言葉だけでの伝達だったのが、文字で伝えることができるようになった。そしてもっと最近ではコンピュータの発明。こうして人類は偉大な発明や発見をして進化してきたんだけど、これからなされるであろう大発見は、ぼくが考えるに〝思ったことは現実になる〟ということの数式化かなあ。

われわれは学者にはなれないから、体験をとおして自分自身で発見しようよ、とぼくはみんなに言ってるんです。りんごの種を蒔いたらりんごができて、オレンジの種を蒔いたらオレンジができるのと同じこと。思ったことと同じことが自分の人生で起きるんだ。長い人生の間にそんなことも実感できないようでは、大昔の人間に劣るよ、と。

思っていることは種だ。それをいつも考えていれば、話していれば、潜在意識に植えつけていることになる。否定的なことを考えていれば、話していれば、否定的な花が咲き、否定的な実がなる。でも、肯定的なことを考えていれば、話していれば、肯定的な花が咲き、肯定的な実がなるんです。

そのことを、自分の心を使って、一生の間に体験したっていいと思わない？　自分の望むこと、したいことを考え、紙に書く、話す。原理は農業と一緒だよ。いい種を蒔けばいい作物ができる。自分の思い描くものが形となって現れる。じつに単純なことです。

人の悪口を言う、自分自身を非難する、これは知らず知らずのうちに悪い種を蒔いているのと同じ。昔の人も、リンゴの種を捨ててパッとリンゴの木が生えて実がなれば、ああ、種からリンゴになるんだってすぐにわかっただろうけど、実がなるまでには何年もかかるでしょう。だから長いことわからなかった。それと同じで、人間も、人の悪口を言ったらすぐに悪いことが起きれば言わないのかもしれないけど、それが自分にめぐってくるまで時間差がある。だからみんな知らずにマイナスの行為を繰り返すんだよね。

自然界は何にしても時間差があることを理解しないといけない。3年前に自分がしたことのしっぺ返しがいま来ているかもしれないということ。当然、いいことも同じ。今日、一生懸命いいことを考えて、その実が3年後になるか5年後になるかはわからない。ただ、とにかくいいことを考えればいい。いつのタイミングだろうと考えたことが実現するんだから。今日蒔いた種の実がいつなるかは神のみぞ知る。でも、どちらにしろ〝なる〟んだから、日々何を考えるか、日々どんな言葉を使うかがすごく大事なんだよ。

明確な夢を持って、未来に情報を送り続けよう

ぼくが自分のことをすごいと思ったのは、死のうと思った26年前に、生きていることに感謝できたこと。それは、ぼくは潜在意識をずーっと学んでいたし、〝愛する妻〟など奇跡的な体験もしていて、生きていれば奇跡が起きるかもしれないと思ったから。奇跡というのは死んでしまったら絶対に起きないんだ。生きてさえいれば可能性があるんだよね。死んでもいいと思ったけど、死んでしまったら奇跡は起きない。でも、生きているかぎり奇跡は起きるかもしれない…。〝ああ、おれはまだ奇跡が起きる可能性のある世界に生きている〟と思ったとき、生きている〝いま〟に感謝した。それで、とにかく死を少しでも先延ばししようという気持ちがあったんだ。奇跡が起きる〝可能性がある〟というだけで、保証はないんだけどね。

でも、そういう気持ちがあったから、例のやけどの体験をしたときに一瞬で「これだ！」とひらめいた。あのキャンプ場で奇跡が起きるなんて思ってもみなかったけど、茂代がぼくのビーチサンダルだけを忘れたことや、たった180円のビーチサンダルが買えなかったときの〝心の動き〟など、いまになって考えると、奇跡が起きる条件が揃った、つまり

シンクロニシティが起きる場ができたということなんだと思います。

強力な願望を持ち、〝ゆるす〟心をもったとき、シンクロニシティが幾重にもなって起きてくる。そして、夢が実現するほうに導かれていく。物が引力に従って動くようにね。

多くの人は〝偶然〟と言うけれど、これは一つの明らかな〝力〟なんだ。

そういう力を、ぼくは本で勉強して徐々に身につけてきた。本を読み、頭で理解し、心で納得したときから、徐々に奇跡的現象が起き始めた。ぼくががんばったわけじゃなくて、ぜんぶ本から学んだ知恵を実践しただけだ。本が、知恵が、ぼくの心を飛躍させてくれた。

父親との葛藤、受験の挫折、27歳の孤独、43歳の苦悩。いまある自分に、なにもかもが必要だった。本に助けられ、多くの人たちにも助けられた。あと30年。未来にしっかりとビジョンを持とう。人生は一回。生きていることは歓喜だ。


ここまで読んでくださったみなさんに、感謝します。いまからが、あなたの新しい人生のスタートです。

第二話　ネットワークビジネス

ネットワークビジネスを新しい視点で見直そう

〝新しいお酒は新しい皮袋に入れろ〟、という言葉があります。二千年前、お酒は皮の袋に入れてたんだよね。なぜ新しいお酒は新しい皮袋に入れないといけないのか…。古い皮袋に新しいお酒を入れると、破れちゃうんだそうです。だから、新しい皮袋に入れないといけない。

コンピュータの機能を背景にしたネットワークビジネスというのは新しい仕事、つまり新しいお酒なんです。だから、従来の〝モノを売る〟という考え方、つまり古い皮袋には入れられない。せっかくの新しいお酒——ネットワークビジネス——を台無しにしちゃうからね。コンピュータの台頭を背景にして、こういった新しい、消費者がそのままビジネスに参加できるような仕事が出てきたのだから、その可能性を最大限いかすには、それに合う新しい皮袋が必要なんです。そして、その新しい皮袋というのは、〝売るのではなくて伝えるという感覚〟と〝潜在意識を活用すること〟だとぼくは思うんだ。

この仕事は、古い皮袋に入れたら破れちゃうような、新しいビジネス。新しいといっても世界的にみれば約70年の歴史があるけれど、まだネットワークビジネスのことをあまり知らない人に向けても話したいので、ここでは、〝商売＝モノを売る〟という古い感覚に対比させて、ネットワークビジネスを〝新しい仕事〟と位置付けて説明しようと思います。

これを聞いて、〝？〟と思うかもしれないけれど、まず理解してほしいのは、ネットワークビジネスは〝モノを売る仕事ではない〟ということ。もちろん、実際に商品が流通するからこそ利益が生まれるんだけど、いわゆる、１０００円のものを１２００円で売る、という、単純に差額で儲けるタイプの仕事ではないんです。このコンセプトを徹底的に理解できるまではちょっと混乱するかもしれません。でも、少し我慢して読んでもらえれば、〝そういうことか〟とわかっていただけると思います。

ドンとナンシーも口をきわめて言っていますが、これは売る仕事ではなくて、伝えることと、教えることがメインの仕事です。シェアする、と言ってもいい。売るという行為をモノとお金の交換ととらえれば、それも含まれるのだけど、いわゆる、モノを渡して代金をもらい、「ありがとうございました」というようなシステムではまったくないんです。実際、フォーエバーの仕事で、ぼくは頭を下げてお願いして商品を買ってもらったことは一度もないし、それについて「ありがとう」と言ったことも、じつは一回もないんじゃないかな。

これはべつにぼくが不遜だとか傲慢だとかいうことではなく、このビジネスの〝あり方〟が従来のビジネスとは違うからなんだ。いやもちろん、「ありがとう」と言ってもいいんですよ、ぼくが言わないだけでね(笑)。

ビジネスなんだから、そこに金銭のやりとりは当然のこととして、ある。でも、それを超えたところにこのビジネスの力や魅力があるということを、ぼくは皆さんにこの本で伝えたいのです。

ぼくがディストリビューターになっているフォーエバーリビングプロダクツでは、アロエベラのジュースとゼリーが主力商品なんですが、「アロエベラって知ってる？　アロエにもいろいろあるけれど、これは本物のアロエだよ」と商品の説明をする。まあ、そうねぇ。30分から1時間近くは話すね。それだけ、商品に惚れてるってことだよね。

話し終わると、ほとんどの人は「商品のよさはよくわかった。それで、その商品はどこで買えるの？」と聞いてくる。「これはお店では売ってないよ」「じゃあ、どうすればいいの？」「これは会社から仕入れたものを個人が個人に分けるもので、ぼくのところにあるよ。あなたが会社から買えないのは、あなたと会社にまだ接点がないから。でも、ぼくが紹介者になり、あなたが登録手続きをすれば、あなたも会社から直接買えるようになる。つまり、会社とあなたのつなぎ役がぼくなんだ。だからもしほしければ、まずはぼくが分けてあげることはできるよ」と説明する。「ジュースはいくらなの？　ゼリーは？」「○○円だよ」「そう、ありがとう」と、簡単に言えばこういう流れ。それから、アロエベラを普及するネットワークビジネスがいかに魅力ある仕事かを話しますね。つまり、情報を伝えているだけなんです。それから、さっきのようにどうやったら買えるかを説明する。仕事にする人もいれば、愛用するだけの人もいる。ぼくがここで言いたいのは、ぼくは〝売っていない〟ということ。ふつうは売った人が、「買ってくれてありがとう」と言う。でもぼくは〝売っていない〟んだ。観念的に言えばね。

これは頭を下げて買ってもらう、というビジネスではなくて、相手が「いいものをありがとう」と言ってくれるビジネス。〝売りに行く〟、つまりセールスの場合は、こっちが「ありがとうございます。じゃあ、ちょっとお安くしますね」となるでしょう。ネットワークビジネスでは、その感覚をいったん忘れないといけないね。ぜんぜん違う仕事なんですから。

ネットワークビジネスというすごいお酒は、新しい皮袋に入れなくちゃいけない。われわれは従来のセールスマンじゃないんだ。〝教える〟、そして〝伝える〟ことが仕事。だから、教えてもらった人、つまり受け手が、自然に「ありがとう」と言ってくれるんです。だからこそ、この仕事はおもしろいんだよね。ぼくは、さんざん人に頭を下げてモノを売ってきた。お世辞をいったり、売るための小さな嘘をついたり…。そういうのはもうやりたくなかった。

頭を下げる必要がないっていうのは、ものすごく心地がいい。自分が持っている情報のありったけをしゃべる。それを選ぶかどうかは相手の自由で、ぼくはべつに買ってくれなくてもいいんです。それは気が楽ですよ。それもこれも、ぼくが心からフォーエバーリビングプロダクツの商品に納得し、惚れこんでいるからできることなんだ。

あたりまえだけど、お金は大事です。ぼくはお金のないみじめさをいやというほど味わったから、いまでもお金のありがたさを毎日かみしめている。ネットワークビジネスで経済的に豊かになって月末の苦しさから脱出したけど、お金のありがたさだけでなく、なんだか以前いた世界よりも、さらに高い次元の世界に生きているような気がしています。生活に四苦八苦していたら、ぜったいに到達できなかったであろう心地いい世界…。ぼくが伝えたいのは、その世界の素晴らしさなんだ。

もちろん、お金を稼ぐことができるというのは、それだけで十分に素晴らしい。それを承知のうえでなお、ぼくは皆さんに、ぼくが体験している上の世界を体験してほしいという思いがある。そのためにどうしても必要なのが、ぼくがライフワークとして追求しつづけている、潜在意識の力なんです。

潜在意識とネットワークビジネスは、どちらが欠けても立ち行かない、ぼくの人生の〝両輪〟です。この両輪を駆使して、ぼくはいまのポジションまで走り続けてきたし、これからも走り続けます。でも、冒頭の「はじめに」でも話したように、あくまでぼくは一つのサンプル。〝これでなくてはいけない〟と言っているのではありません。100人いれば100とおりの成功のしかたがある。ぼくは、少しでも皆さんの参考になれば、願わくは何か人生に役立つヒントを見つけてもらえれば、という気持ちで話していますので、心を開いて、気楽に読み進めてもらえたらと思います。

これは違法な商法なの？　ぼくは直接お役所に聞いた

ネットワークビジネスに偏見をもっている人が、いまもまだ多いと思うけれど、かつてはぼくもそうだった。だから、そういう人には自分がたどった道をそのまま話すことにしています。まず、ぼくには二つの疑問点があった。一つは値段、そしてもう一つは、違法な商法ではないかということ。

まず一つ目の値段について。ぼくのスポンサーの間々田さんが、はじめてうちにアロエベラジュース（1リットル入り）を持ってきたときのこと。「この前話したジュース、これなんですよ。ちょっと飲んでみますか？」。飲んでみるとちっとも苦くない。アロエって苦いはずだと思ってたから、「これ、ほんとにアロエのジュースなの？」なんて疑いながらね。「それで、いくらなの？」「5700円です（当時の価格。現在は5500円）」「えーっ！なに？　そんなもの買えるか。500円でも高いのに。一桁違うんじゃない？」。で、買う気なんかまったく起きず、値段の高さに驚いただけだった。

それでも、ぼくはひまだから、自分でアロエジュースを作ってみようと思い立った。この、〝ひま〟っていうのが大事でね、ひまじゃないと、つまり時間がないとできないことってたくさんあるんだよ。それはさておき、アロエジュースだ。いくら体にいいっていっても、5700円もするんじゃね。自分で作れば新鮮だし、安くあがると思ったんだ。さっそくスーパーにいって大ぶりのキダチアロエの鉢を買ってきた。

当時、日本でアロエベラは売っていなかったから、とりあえずキダチアロエ。たったの300円くらいだったよ。鉢の半分を坊主にして、洗ってから皮のまま大根おろしですりおろしてしぼったら、コップに半分ほどのジュースができた。その作業に1時間くらいかかったかな。飲んでみたらすごく苦くて、「これぞアロエ！」っていう味。それをちょっと飲んでは冷蔵庫にいれて、また飲んで…。あんな高いジュース買わなくたって、300円でできるじゃないかってね(笑)。

ぼくは好奇心旺盛だから、間々田さんの置いていったパンフレットを読んだだけでなく、今度は本屋に行ってアロエの本を探してみた。10冊以上はあったねえ。あのころは、日本にアロエベラの本はまだなくて、キダチアロエの本ばっかり。読んでみると、あれ？と思うことが書いてある。「鉢に植わっているアロエを、ときおり切り取って食べるのはいい。ただし、皮に含まれる苦みの成分であるアロインというのは薬の原料とされるもので、毎日取り続けると、胃に穴があくことがあるなどよくない」とか、「ゼリー状の部分をジュースにしたとしても酸化しやすく、作り置きをしても意味はない」とか…。

ということは、1週間前につくったジュースをチビチビ飲んでたことは、無駄だったんだ。りんごの皮をむいてそのままにしておくとすぐ茶色くなるよね。あれは、酸化って現象なんだって。それと同じで、アロエの場合はジュースにしても数時間で酸化して、苦みは残ってても、ゼリー状の部分に含まれるアロエ独特の効果がなくなってしまうということだった。それに、ぼくがつくったジュースが苦いのは、皮も一緒にすりおろしたからだったんだけど、毎日ジュースにして飲むのであれば、皮を取り除いたほうがいいということだった。

フォーエバーのジュースは、アロエベラのゼリー状の部分だけを取り出して安定化処理がほどこされている。しかも、封を開けなければ1年半は品質が保たれる。なるほど、そういうことか…。キダチアロエのゼリー状の部分だけを取り出すのはすごく手間がかかるし、そのうえ、酸化を避けるにはそのつど作らなきゃいけないし、ゼリー状の部分だけでジュースを1リットルつくるには、それこそ何十鉢も買わなきゃならない。そう考えると、あのジュースは安いんだと思った。それで間々田さんに電話して、「1本持ってきて」と。自分でやってみてはじめてわかったんだよね。ぼくはひまだし、探究心があるし、自分でとことんやってみないと気がすまない性質なんです。

ぼくが抱いていたもう一つの疑問。ネットワークビジネスは違法なビジネスではないのか、という点。いくら間々田さんが「そうじゃない。大丈夫」と言ったって、これもジュースと同じで、ぼくは自分自身で納得したかった。マルチ商法とかマルチまがい商法とか、悪徳マルチ商法とかネットワークビジネスとかって、どこが違うんだ？　どれが良くて、どれが違法なの？　『小六法』を買って読んだりもしたけど、難しい用語ばかりでチンプンカンプン。それで、ぼくは当時の通産省、これも当時あった商政課に直接電話した。それが一番早いと思ったからね。通産省に聞けば間違いないだろう。そこでＯＫと言われれば、〝大丈夫〟という確信を得られると思ったんだ。

電話に出た通産省の人はこう言っていた。

「どんな仕事でも末端の消費者に将来犠牲が出てくるようなら、これは放っておけない。あなたの仕事はどうですか？」

「犠牲者は出ないと思いますよ。フォーエバーの仕事やるときに会費を払うわけじゃないし、登録したからって買う必要もないし、ランクを維持するためのノルマもないし」

「善意の消費者に犠牲を与えない仕事であれば、大丈夫です」

これが、ぼくが一番納得した説明。担当の人はこうも言っていた。

「名称なんて関係ないんです。そんなのどうとでも言えますからね。それよりも実態がどうなのかが大事です。その仕事をして、犠牲者が出てくるようだと、名称がどうであろうと放っておかない。自分が犠牲にならず、また、その仕事に参加する人も消費者も犠牲にならない。それならば問題はありません」

ぼくは、なるほどと思い「わかりました。ありがとうございました」と言って電話を切ろうとしたら「でも、儲かるかどうかわかりませんよ」と助言までもらった。「ええ、わかってます。ありがとうございました」ともう一度言って電話を切った。

こんな明解な説明ができる人が、たまたま電話に出たこともラッキーだったよね。でもこのやりとりは26年前のことだし、当時と今とでは法律も当然違うでしょうから、あくまでも参考にしてください。

ネットワークビジネスは流通経費還元のシステムです

たとえば、ぼくらが1万円で買うものは、一般的に見て生産者価格は3000円くらいと思っていい。でも誰も文句は言わないよね。広告費とか、問屋さん、小売屋さんのマージンとかいろんなものが加算されるけど、それがあるからぼくらは、どこの地域のものでも1万円かそこらで買えるんだよね。それに文句を言って、いちいち生産者のところまで出向いて買い物する人はいないよね。流通というものがあるから、我々はいながらにして好きなものを買えるわけで、そのために価格に流通経費が上乗せされても、みんなそれはあたりまえのことだと思ってる。

おおざっぱに言えば、商品の約7割が流通経費、つまり1万円のモノだったら7000円。その流通経費をかけないで、そのぶんを消費者に還元しましょうというのがネットワークビジネス。フォーエバーでは、〝消費者参加型流通ビジネス〟とも呼んでいます。

ぼくも最初はわからなくて、悪い印象を持っていた。いつか手入れを受けるような悪い仕事だと誤解してたんだ。でも通産省に電話して、その誤解がきれいに解けたんだよ。人は、よく知らないことについては、何を質問していいのかわからないものだ。ある程度わかっていないと質問って出てこない。よくわかっていないからこそ、ただの憶測で「いつか警察につかまるんじゃないの？」なんて言う人もいたんだよね。ぼくも知らないときはそう思ってた。でも、そんな不安があったら仕事なんてできないでしょう。だから役所に電話して、直接聞いたんだ。いまでもそういう恐れを抱く人はたくさんいますよ。そういう人も、この本を読んできちんと理解してくれたらいいなと思います。

〝なぜお金が入るのか〟ということを理解すれば、それが悪質な仕事かそうじゃないかがわかりますよね。ネットワークビジネスは、繰り返しになりますが、商品の代金に含まれる6～7割の流通経費を、その流通を生んだ人に還元しようというシステム。フォーエバーの場合はコマーシャルもしない、問屋もないから、どうやって商品を広めるかというと、消費者の口伝え。そこで浮いた経費を、口伝えしてくれた消費者に還元するというだけの話。流通に使わないで済む6～7割を、メーカーの儲けにするんじゃなくて、流通に関わった消費者に分配する。

ですから、ネットワークビジネスで大きな報酬を得ようと思う人は、大きな流通組織をつくることだね。そのためには、売るという感覚を捨て、伝えるという感覚を磨いて組織を広げていくことだね。〝口伝え〟のパワーだね。

ぼくは自分の報酬に反映される範囲だけで、10年かけて、年間100億円の流通をつくった。だから、その売り上げを分析して、ぼくには1億円分配された。「酒井さんは何にもしなくてもお金が入るんですか」と聞かれるけど、ぼくはそのぶんの流通を生み出したということ。それと、流通の拡大、維持に心血を注いだ。40代のエネルギーを全部そのために使い切った感じだったね。

小さな組織を徐々に大きくしていくには、毎週毎週、商品の勉強会、ビジネスの勉強会、潜在意識の勉強会、それと地方での勉強会、また年に1回は1000〜3000人規模の大会を開くことが必要だった。自然に拡大はしていかないからね。拡大したとしても、ずっとは続かない。それを維持することのほうがたいへんなんだ。ぼくが1985年から2008年までの24年間で累計20億円を分配されたということは、それをもらえるだけの、累計2千億円の流通を生み出したということ。あくまで使わずに済んだ流通経費の分配であり、もちろん正当なものなんだよ。つまり、その商品の流通市場をつくらなければ利益にはならない。それで、この仕事は正式にはネットワークマーケティングビジネスと呼ばれている。〝マーケティング〟とは簡単に言えば商品の流通のことですね。

広告にものすごい費用をかける会社もあれば、それはせずに、商品を広めてくれる消費者に分配する会社もある。メーカーにとっては、どっちだっていいんだよね。

でも新しい時代がきて、ネットワークビジネス、英語ではマルチ・レベル・マーケティングと言うけれど、こういう流通の形態がアメリカで生まれた。フランチャイズシステムができたみたいなことだよね。セブンイレブンだってマクドナルドだって、たくさんのフランチャイズ店があるけど、誰もそれを非難する人はいないでしょう？　ネットワークビジネスも、非難されるようなビジネスではまったくないんだけど、まだ本質を知らない人がいっぱいいますね。

組織というものは、どうしたってトップから下に向かって三角形になっていくよね。社長、副社長、部長、課長…、会社の組織図だってそう。これはネットワークビジネスも同じ。むしろ、ネットワークビジネスのほうが、明快な分配システムだと思いますよ。

ぼくも最初、ネットワークビジネスのことを違法な商法だと思った。ネズミ講だとは思わなかったな。ネズミ講というのは、金銭だけのやりとりでしょう？　商品が介在しないでね。でもマルチまがい商法との区別がつかなかった。で、最終的に被害者が出る可能性があるかどうか、という判断基準をお役所の人に教えてもらった。被害者が出たらたいへんなことだからね。〝マルチ〟という言葉が、日本だと悪いイメージがあるみたいだけど、もともとは〝多くの〟という意味のラテン語からきているらしい。本来はいい意味の言葉なんですよ。ネットワークビジネスに関する一部の根拠のない誤解に左右され、参加をためらっている人も多いようだけどね。

相手がわからないのは、自分が理解できていないから

フォーエバーの場合は、登録しただけで、0・5ケース単位ではあるけれど、商品を2割引で買えるようになる。さらに累計購入ケースが2ケースに達することと、認定会に参加することで、正式な会員になれて仕事にも参加でき、商品がいつでも1箱単位で3割引で買えるようになるんです。認定会というのは、会社主催の説明会で、フォーエバーの理念、商品のこと、販売ルールのこと、消費者を保護する法律のことなど、ぜんぶで1時間半くらいかな。

ジュースだと1箱に3本入っています。3本の3割引だから、消費税込みで1万2千円くらい。その3本のうち自分が1本飲んで、あとの2本をほかの人に分ければいい。だから、フォーエバーでは、仕事としてとらえた場合でも、最初は買い置きを含めて2、3万円くらいを回転させていけばいいということになるね。そんなにお金はかからない。だか

らぼくがやれたんだよね。「酒井さん、まず10ケース買って」と言われたら、ぼくはできなかった。

そして、ほかの人に分けて成績が上がってくると、払い戻しというか、ボーナスがもらえる。自分が起こした流通に対して支払われる報酬だよね。また、マネージャーというポジションになると、個人が購入した分を小売価格に換算して18％が戻ってくる。3割引で買って、18％戻ってくるから、実際には48％引きで買ったことになる。これが最高の特典。だからみんなマネージャーを目指すんだ。フォーエバーのいいところは、ふつうはあるポジションになったら、その特典を維持するためのノルマがある。でもフォーエバーは一度そのランクになってしまうと、そのあと買っても買わなくても、永久にその特典を維持できるんです。

維持するためのノルマが設定されてると、売れないのに商品を買ったりして在庫がたまっちゃう、というようなことが起きる。でも、フォーエバーはそういうことがないんです。26年前、お役所の人がぼくの話を聞いて、「それだったら大丈夫です」と言った。「あなたはもうその仕事をやってるんですか」「いや、これからやるんです」「あなたは自分自身で、今後犠牲者になる可能性はあると思いますか」「いや、ないと思います」「ではその仕事に関わったほかの人が、犠牲者になる可能性はあると思いますか」「いや、ないと思います」「では、法律的には問題はないです」。なるほど、仕事をする人であろうと、消費するだけの人であろうと、犠牲者が出る可能性のあるビジネスは、よくない、ということだ。あたりまえのことだけど、そこまで理解できて、ぼくは何の疑問も残さずに始めることができた。ネットワークビジネスに参加する人はそこまで理解してほしいね。

ただ、ビジネスにたずさわっている自分たちがしっかり認識していれば、人が何と言おうと大丈夫。「ああ、この人はまだ理解してないんだ」と思えばいい。それを自分が動揺してしまっては、自分自身が理解していないということだよね。自分がしっかり理解していれば動揺しないはず。友達が誤解してたら、こう言えばいい。「〝このビジネスが違法なんじゃないか〟という疑問があなたのブレーキになっているのなら、法律の専門家に聞いてみてください。私だって専門家に聞いて納得したんだから」。ぼくの場合はそうしてるよ。よくわからない人同士で言い合うよりも、専門家に聞いて確かめるほうが手っ取り早いんじゃないかな。電話でだって教えてくれるんだからね。なにより、安心だしね。

わからない人同士で「そうそう、やっぱり危ないからやめたほうがいいわよ」と言っていたら、前に進まないでしょう。そうやって真実を知ることを怠って大きなチャンスを逃していたら、本当にもったいないよね。

ぼくは、ネットワークビジネスに偏見を持っている人、あるいは誤解している人には、正直に自分の経験や思いを話すのが一番いいと思います。「高いと思った？　おれもそう思った」「ネズミ講？　おれもそう思った」。順を追ってきちんと説明すれば、理解しようという気持ちがある人ならわかってくれるはず。そこまで話してわからない人は、ドンが言っているように、〝はじめから理解するつもりのない人〟なんだと思います。

ドンは「この仕事の素晴らしさがわかったら、やらない理由がなくなってしまう。でもトライするのがこわい人は、はじめからわかろうという気持ちを持ち合わせていない」と言ってるよね。たいていの人は理解してくれると思うけど、どうしてもわかってもらえなければ、最初から拒否して聞く耳を持っていない人だから、それ以上勧めるのはエネルギーの無駄と考えていいでしょう。

ただ、その際に大事なのは、〝あなたが本当に理解している〟ということ。ぼくの説明で、自分はわかったつもりだけど、それをぼくと同じように人に説明できるかというと、それはまた別の話。インプットはできても、アウトプットが同じようにできるかといえば、必ずしもそうではないからね。

だからぼくは、「わかった」という人に、「あなたがほかの人に説明して、その人が〝わかった〟と言ったら、はじめてあなたは本当にわかったことになる」と言うんです。相手がわからなければ、あなた自身がまだわかっていないということ。自分が納得してないから、相手も納得させられないんだよね。人が話すのを聞いているときはわかったような気になるけど、いざ自分が話すとなるとなかなか難しいものなんだ。ドンたちが、『2×2＝6』（四海書房）などの〝ツール〟を有効に使いなさい、と言うのはそこ。たどたどしい説明を聞かせるよりも、明快な文章を読んでもらったほうが手っ取り早いし、お互いに時間を節約できるからね。

ナンシーも『女性の出番』（四海書房）で言ってるけど、これはものすごいチャンスなんだから、しっかり勉強してみるといいと思うよ。ナンシーはこう言ってる。「大学に4年間通っても、社会に出てすぐに自力でお金を稼ぐことなんてできません。でもこの仕事は、3、4ヵ月本気で勉強すれば、すぐに収入に結びつけることができます」って。素晴らしい着眼点だよね。

このチャンスを本気でいかそうと思うのなら、4ヵ月間くらいの勉強はしたほうがいいと思うね。それくらいのことができなければ、どんなことも成し遂げられないでしょう。ネットワークビジネスについて学ぶのは難しいことじゃない。〝勉強〟とも呼べないようなものなんだ。一生懸命やれば、誰でもきちんと正しい知識を習得することができますよ。

納得すると重心が下がり、人を納得させられる

これからネットワークビジネスを始めようとしている人も、人に言われてやるんじゃなくて、まずは〝自分を〟納得させることが大事です。みんな、〝人を〟納得させることに一生懸命になっちゃうんだけど、そうじゃなくて、自分がちゃんと納得することだよ。自分が理解しないで人を納得させようなんて無理な話。自分が納得すると、自然に重心が下がるんだ。

「お金が儲かる」って考えると、浮ついちゃって足元がフラフラしてる人がいる。相撲と同じで重心を低く。それができていれば、何を言われても落ち着いていられる。そうじゃないと、人の言うことに惑わされてあっちに行ったりこっちに行ったり、焦ったり喧嘩になったりしてしまう。自分に確信があれば喧嘩にはならないし、「あ、そう。おれもそう思ったよ」と落ち着いて説明ができる。そうすれば相手も納得してくれる。自分がしっかりわかってないと、「あんた、それマルチじゃないの?」なんて言われてドキッとして、「そうじゃないよ!」って怒ったりしてね(笑)。それじゃあ相手も納得してくれるはずがないでしょう。

ネットワークビジネスを正しく理解している人がまだ少ないから、なおさらきちんと勉強して、自分が納得してから話をしなくちゃいけない。だから、ぼくが話すとみんな納得して買うんだよね。「すごいなあ」って言って買う。買ったからといったって必ずしも仕事をするわけじゃないけどね。

ドンの本にも書いてあるけど、自分と一緒にこの仕事を真剣にしてくれる人を5人つくろうと思ったら、40人、50人に話をしなくてはいけない。そうやってはじめて5人の人ができるんだ。10人に一人という感覚だよね。ついつい、早く5人つくろうと思っちゃうけど、そんなのできっこないよ。人間は〝十人十色〟なんだから。ぼくはこの言葉が大好き。一人ひとりみんな違うんだよ。

ぼくは10人に話せば必ず一人は真剣にこの仕事に取り組む人が出ると思ってやった。全員が全員、納得しなくてていいんですよ。みんながみんな納得したらおかしいでしょう？世の中はそういうふうにできてないもの。プロ野球だってみんなが巨人ファンだったらへんだし、おもしろくないよね。だから最初から10人に一人という感覚でやったほうがいい。そして5人の人ができたら、今度はその人たちから縦のラインを広げて、伸ばしていく。新しい人をつくろうなんて思っちゃいけない。

これがなかなか難しいんだ。どうしても新しい人に目がいって気が分散しちゃう。このことは『2×2＝6』にもよく書いてあるけど、ぼくはこの本が出る前に、もうそれをやっていた。それで、ある程度成功してから『2×2＝6』を読んで、「あ、ぼくが言ってるのと同じだ」と思ってみんなにこの本を薦めた。「こんなにすごいドン・フェイラも同じこと言ってるでしょう?」ってね。みんなこの本を読んで、「酒井さんが言ってることと同じだ」と言う。ぼくは『2×2＝6』で学んだわけじゃないけど、同じことを言ってたんだよね。「5人でいいんだよ」ってね。

しかし、実践ではその5人をつくるのが、なかなか難しい。それでリーダー的な人に〝3人つくれば十分〟と言いはじめた。それでも、3人をしっかりとサポートし、深掘りして組織を広げていけば、フォーエバーの場合だけど、年収3千万円以上とれることを何人かの人は証明してみせたね。

10人に一人という感覚がないと、最初の3人か5人にしゃべってうまくいかないといやになってやめちゃうんだよ。本を読んでても心底わかってないんだよね。基本が身についてない。頭でわかっててても体でわかってないから。もっと心を強くしなくちゃ。〝10人に一人なんだから、断られてもいいんだ。そのかわり、商品とビジネスチャンスの両方を全力で話そう〟、そう思えばいい。気が弱い人はどうしても商品の話だけになっちゃうけど。でも、ビジネスでとらえるんだったら、どこかの段階でビジネスの話をしなければ、先に進まないよ。

ドンの『2×2＝6』と、ナンシーの『女性の出番』。この両方を繰り返し読んで、頭と体の両方に基本をしっかりと入れることだよね。

この仕事の素晴らしいところはたくさんあるけれど、〝正直〟や〝誠実〟が一番の武器になる。これはほんとうにやってて気持ちのいいことです。良心の呵責《かしゃく》とは無縁なんだから。いかに自分をさらけだすか、それがポイント。ぼくは自分のことを何でも正直に話す。それを毎月、たくさんの人が聞きに来てくれる。人を言いくるめるとか、うまく話すとか、そういうことをする必要がないんです。新しい時代の新しい仕事、だから新しい〝方法〟が必要で、それが潜在意識なんだよ。自分に正直になる。そうすれば、いいアイディアも浮かぶし、いい仲間もできる。


ネットワークビジネスでは、人と競争する必要がない。ふつうの社会というのは、いわゆる〝弱肉強食〟だよね。たとえば大学受験。誰かが落ちたおかげで自分が受かる。オリンピックでも誰かが転べば自分が優勝できる。会社の出世だって、ライバルがギブアップすれば自分が部長になる。人が失敗することによって、自分の成功が近くなるんだ。

しかし、このビジネスは違う。自分のために一生懸命やると、自動的に周りの人を救うことになる。人のために一生懸命やると、自動的にそれが自分のためになる…。これはすごい世界だよ。たとえばあなたが、グループの皆さんを応援すればするほど、あなたの報酬が上がってくる。あなたが自分のために勉強すればするほど、みんながあなたの話を聞きに来てくれるんです。

かつて読んだ『自己実現の心理』(誠信書房)にこんなことが書いてあった。〝そこに住む人が利己的であっても、それが却《かえ》って他人の利益になり、逆にまた、他人の福祉を願う行動をとることが、自己の利益となってかえってくるような仕組みをもつ社会――ハイ・シナジー社会〟。ネットワークビジネスにたずさわるうちに、ぼくはネットワークビジネスの世界というものは、このハイ・シナジー社会とよく似ていると思うようになった。

これからの社会はそうあるべきだと思います。他者との戦いじゃなく、ね。人を思いっきり助けると自分も助かる、そういう世界。人を助けようとすれば自分が落っこちて、自分が助かろうとすれば人を犠牲にする、そんな世界はもういやになった。人のことを思えば思うほど自分が潤う…、ネットワークビジネスはそういう仕組みになっていて、ぼくはそこが好きなんだよね。

ほかの会社のネットワークビジネスも同じだと思いますけど、フォーエバーの仕事をしていると、その感覚が浸透していると感じますね。けっして足の引っ張り合いじゃないんです。ドンが言っているように、自分のグループの人を助けて縦の段階を増やす――つまり深掘りすればするほど、自分は上にあがっていく。自分が学べば学ぶほど、それを惜しみなくみんなに話せば話すほど、みんなの知識が増えて成功に近づき、みんなの収入もぼくの収入も増えていく…。〝プラス〟がグループの中を循環していくというわけです。

ネットワークビジネス自体はかなり前からあったけど、昔と今ではまた違いますね。コンピュータ時代になってから、システムがどんどん進化している。だから本当に楽ですよ。いくらいい仕事でも、手間や時間がかかったら自由がなくなってしまう。ぼくの知り合いで、大きな倉庫をつくって山のような在庫をかかえて、膨大な顧客名簿を持って寝る間もなく走り回っている人がいたよ。その仕事ぶりには感服したけど、ぼくにはできない。ネットワークビジネスはそんな類の仕事じゃないね。

この仕事は、自由な時間がたっぷりあるのが魅力のひとつ。時間があるからこそいろんなことが学べるし、いろんな発想ができる。収入がいくらあっても忙しければ意味がない。これからの世の中はお金だけじゃない。お金ももちろん不可欠だけど、〝自由〟というか、〝生きた心地〟が大切ですよね。21世紀はそういう時代だと思います。

夢を話す、書く…それは未来に現象を起こす蓄え

ここまで読んでくださったらもうおわかりかもしれないけど、ぼくは〝学ぶ〟ことが大好き。学ぶということは、対象が何であっても終わりがない。だから、〝学び続ける〟ことが大事なんだと思います。ぼくの生涯のテーマは潜在意識だけど、これも時間がなかったらとことん追求することはできない。追求できるからこそたくさんのものを得られるんであって、中途半端では、得られるものもグンと少なくなってしまうでしょう。ぼくは時間があったからこそ、思う存分そこに入り込み、没頭し、ここまで潜在意識について知ることができたし、それを使うことができている。そして、いつも知識の在庫をいっぱいにしているから、どんどんみんなに分けることができるんです。

もしもひまじゃなかったら、ぼくみたいに自分でアロエを買ってきて、すりおろしたりできないでしょう？(笑)　人間ひまがあったほうがいいんだよ。忙しいと、大きな発想をすることもできなければ、小さな実験をすることもできない。ぼくは借金抱えながらも日向ぼっこしてるような変わった男だし、人が見たら「バカじゃないの」って言われるかもしれないけど、そんなの関係ないんだよ。だってひまじゃなければアイディアなんて浮かばないもの。忙しいというのは、せわしなく体が動いているだけ。自分のなかで一番進化した〝脳〟を使っちゃいないんですよ。

みんな自分の想像の世界で生きている。だから想像力をフルに使わなくちゃいけない。でも想像っていうのは、イメージもあるけど、言葉を使うよね。語彙《ごい》が乏しいと、乏しい想像しかできないものなんだ。みんな子供のときに積み木で遊んだでしょう。立派なおうちを作ろうね、と言っても、10個か20個の積み木しかなかったら、できあがる家がおのずと決まってくる。でも100個あったら？　200個あったら…？　すごい家ができるよね。それと同じ。言葉で想像するんだから、言葉を豊富にしておけば、豊かな想像ができる。みんな〝いい脳〟は持ってるんだけど、言葉を知らなければ豊かな想像ができない。本を読むことが大切な理由のひとつは、語彙が豊富になるからなんです。

脳を上手に使い、語彙が増えれば想像も広がる。そういう訓練をすることが必要なんだよ。筋肉だって、一日トレーニングしただけじゃ成果は出ないよね？　3ヵ月も4ヵ月も続けてやっと成果が出る。脳だって、繰り返し繰り返し〝想像を広げる練習〟をしないと。だから、つねに夢やビジョンを話したほうがいいんだよ。

ぼくは茂代と結婚して、ずーっと夢をしゃべり続けている。だからそれを一つひとつ実現することができているんです。皆さん、ご主人に夢を話してるかな？　話してない？　もし話していなければ想像力が発達しないよ。愚痴や人の噂など、どうでもいいことをしゃべっててもしかたないんだよ。前向きな人とまじわって、将来の夢をお互いに話しあうことも大切だよね。

たとえば机の上に置いてあるノートと、手で上に持ち上げられているノート、どこが違うと思う？　われわれから見れば同じかもしれないけど、物理学的には違うんだ。持ち上げられているほうはエネルギーを持っている。机に置かれたノートよりも、多く仕事をする。手を放したら、下に落ちるでしょう。われわれが未来を考えることは、ノートを持ち上げてるのと同じこと。夢を話すことは、未来に現象を起こしてくれる力を蓄えることなんです。

未来を考えない人は、ただテーブルの表面でウロウロしてるだけ。宇宙に仕事をさせてない。宇宙に仕事をさせるために、自分でノートを持ち上げることが大事なの。頭のなかで夢を考える。未来にエネルギーを送る。そうしていると、いつか現象が起きて、考えていることが実現する。われわれはエネルギーを潜在意識に貯金しておける素晴らしい頭脳を持っている。なのに、それを使わないでどうでもいいことをしゃべっていると、宇宙が仕事できないんだよ。

でもね、何度も言うけど、こんなこと知らなくたって生きていけるんです。潜在意識なんて知らなくたって生活はできる。ただ、〝生きた心地〟の問題です。〝ああ、おれは生きてるなあ〟、という感覚と、ただ漠然と生きてるのでは、ぜんぜん別物なんだよね。

その感覚をネットワークビジネスの世界で得ていこうというのが、ぼくの結論。すべては出会いです。われわれはセールスマンじゃない。人とのコミュニケーションが好きで、大きな夢を持ってて、自分たちの扱っている商品が好きな人が集まれば、結果的に消費者参加型流通ビジネスになる。大きな流通をつくることができる。ぼくは年間100億円の流通をつくったから、会社から1億円をもらったんだけど、どれくらいの流通をつくるかはその人の思いしだい。

年間1千万円の安定収入が欲しい人は、フォーエバーでいえば、年間3億円くらいの流通をつくれば楽にもらえるでしょう。それは自分でつくるんじゃなくて、人伝いにできていくもの。そこがネットワークビジネスのすごさなんだから。〝ネットワークビジネスとはどういうものか、それを知らずに行動しても結果は出ません〟と『強い味方』(四海書房)の著者は言ってるけど、そのとおりだね。ネットワークビジネスが、なぜいまの時代に生まれたかを感じ取ること。自分のためにコンピュータ時代がやってきて、ある人たちがネットワークビジネスを作ってくれて、ぼくの場合でいえば、フォーエバーリビングプロダクツができて、大好きなアロエの商品ができて…、そういうことに感動しなければ何も起きやしない。すべては〝とらえ方〟なんです。〝立体的な〟人生のとらえ方をしないとね。ネアンデルタール人に戻っちゃうよ(笑)。

自分の力を最大限に発揮する仕事を探そうとせず、目に見えるものだけを追っかけて、息つくひまもなく突き進んでいく…、そういう人生に、真の充実感はあるんだろうか…、そうぼくは問いたいな。

ネットワークビジネスという仕事は最新の素晴らしい仕事だから、最新の心で臨まないといけない。新しいお酒には新しい皮袋、だからね。せっかくのいい仕事なのに、心の中に憎しみを抱えながらやっても、うまく機能しないんだ。ぼくは〝ゆるし〟を体得して新しい自分で臨んだからこそうまくいった。昔をひきずってやってたら、絶対にこうはいかなかったでしょう。

この新しい可能性のあるビジネスには、ゆるしを体得した新しい心で臨んだほうがずっとうまくいく。ネットワークビジネスには、すべてをゆるし、人のために喜んで働く、きれいな心がマッチするんだ。これは素晴らしい仕事よ、ほんとうに。仕事をとおして自分の心を磨くことができるんだから。43歳のとき死のうとしてたおっさんにとったら、すごい進歩だと思わない？　心と仕事がぴったりと合わさったときのパワーはすごいよ。ぼくらの世代にとって、この仕事の一番の魅力はそこだと思いますね。

ひたすら続けると、ある瞬間エネルギーが爆発する

ふつうは、自分の心を磨くことと仕事とは、関係がなくはないにせよ、それほど直接的な関係ではないでしょう。でも、ネットワークビジネスでは表裏一体。お互いがお互いの役に立つ。だから気持ちがすごく楽なんだ。軽井沢のゲストハウスには年間を通して仲間が来るんだけど、みんな、人間の可能性についての話を聞きにくる。つまり、自分の可能性だよね。具体的に、どうやったら自分が進化できるかというノウハウ。

ぼくは週に一度、〝体をゆるめる〟勉強に通っているんだけど、4時間の稽古なんだ。稽古のない日も、毎日1時間は練習している。ぼくは小さいころから体に力が入りすぎてしまう。字を書くときも、しゃべるときも、なぜか力んじゃう。それで、体をゆるめることを学んでいるんです。毎日1時間、週に一度は4時間、それを一年以上続けてるけど、いやあ、難しいねえ。3年続ければ、ある程度はわかるかもしれないと思って励んでいますよ。

体のくせっていうのは、それくらい直しにくいものなんだ。長い間の習慣だからね。そ

れと同じで、心にもくせがついている。でも、体より心のほうが直りやすいですよ。体のくせのほうがずっと頑固。心のほうが直りやすいとはいっても、一日10分や20分は、そのために時間を使わないとね。

月に1、2度ぼくの話を聞いているだけではなく、たとえば一日20〜30分、最低3ヵ月、本気で自分の心を変えようと思って何かをやってごらん。最低それくらいの時間をかけないと変わるものじゃない。それに、そこまでやるっていうのは、どうにかして変わりたいと思っている証拠だ。それくらいの強い思いがないとだめなんだよね。

稽古のある日は、こんなに朝寝坊なぼくが、6時前に起きるんだよ。ただ変わりたいっていう一心でね。人生は一回しかないんだから、もっともっと進化したい。そのためには潜在意識の勉強もするけど、同時に、力を抜くということも体得して、さらに潜在意識に磨きをかけたい。そうすればもっともっとすごい人生が生きられると思うから…。なんせ、90代を人生のピークにもっていこうと、本気で考えてるんだから。

みんなね、日々の積み重ねを飛ばして、一瞬にしてパッと変身できると思ってる。そう思い続けて、気づいたら90歳になっちゃうよ(笑)。長年の間にできあがったものだから、薄皮を1枚1枚はぐような、そんなふうにしか変わっていかない。ただ、それを続けていると、ある瞬間にバーッと奇跡が起きるんだよね。これは、事実。それがいつ起きるかはわからない。でも常に準備はしていなければいけない。この準備がみんななかなかできないんだよね。それができるのは、願望の強い人だけ。

ぼくのグループのリーダーたちが言うんです。「この仕事を始めるとき、酒井さんが〝1ミリでも前進すること〟と言ってくれたのがよかった」って。1ミリでいいんだ、と思えばそれほど重荷に感じないよね。1ミリは小さいようだけど、それを続けているといつか奇跡が起きる。ところが、その1ミリをバカらしく思う人がいる。でも1ミリをバカにしちゃいけないよ。1ミリ、1ミリ、1ミリ、と進んでいると、あるときバーンと1メートルか2メートル飛び出す瞬間が訪れる。それがなかなかわかりづらいとこだけど。

1ミリ進むという、その前向きのエネルギーがすごいんだよ。進んでいるのは1ミリだけかもしれない。でも、そこには着々とエネルギーが蓄えられていく。1ミリがすごいんじゃない。1ミリ前進するときに蓄えられるエネルギーがすごいんです。それが、熟成し、発酵して、あるとき爆発する。そのときの感動っていったらないよね。いつ爆発するかは、神様にしかわからないけど。

だから、1ミリ進むのを怠ってはいけない。それを怠っている人には、そういう奇跡は起きない。だってエネルギーが貯まってないからね。蓄えがゼロだったら、爆発を期待することはできないんです。

ぼくの話をたくさんの人が聞きに来てくれるけど、この〝人〟もネットワークビジネスの大きな魅力。友達や仲間と言ってもいいね。ぼくがふつうの会社に勤めていたとして、もし社長になったとしても、社員くらいは自分の話を聞いてくれるかもしれないけど、それもどうかわからないよね(笑)。しかも、そうしょっちゅうは聞いてくれないでしょう。

でもぼくの話は、みんな北海道や九州からわざわざ飛行機に乗って、あるいは神戸や名古屋から新幹線に乗って聞きに来てくれる。ほんとうに嬉しいよね。学んだことを人に伝えることによって、自分の脳がより一層深く理解する。それをする〝場〟があることが素晴らしいんです。

お坊さんが一人で瞑想してるのとは違うんだから、話さなくちゃだめ。話すことで自分自身がもっと理解する。人に話すのは、自分にとって最高の勉強なんですよ。

だから、ぼくの話を聞いてくれる皆さんには、ほんとうに感謝しています。聞いてくれるだけじゃなくて、ぼくの言っていることを理解してくれているのが、みんなの反応から感じ取れる。そしてまた、みんなが自分で体験したことを話してくれる…。それを聞いていると、ほんとうに、なんとも言えず嬉しくって、つくづくぼくはしあわせだなあ、と思うんです。

潜在意識についての体験なんて、ふつうは聞けない。どこに行ったら聞けるのかもわからない。そういうセミナーとかもあるみたいだけど、すごくお金がかかったり、それにある一定の期間で終わっちゃうよね。でもぼくは25年間このことをしゃべり続けてる(笑)。

潜在意識なんていうものは、1ヵ月勉強してわかる種類のものじゃない。聞いて体験して聞いて体験して、縦、横、縦、横と糸を織り込んでいくことを繰り返して、それでようやく少しずつわかってくるんです。勉強して、人の話を聞いて、自分で体験して…。そういう場も、ネットワークビジネスだから与えてもらえるもの。

お金と時間と、そして人。これをみんな提供してくれるのはネットワークビジネスだけだと思いますね。たった一人でお金儲けしててもむなしいでしょう。人と喜びを分かち合えないとね。

ネットワークビジネスと潜在意識が絡み合うと…

そして、ぼくの潜在意識の核は〝ゆるし〟なんです。これは人類のテーマですよ。これがあれば世界が平和になるよね。千年、二千年越しのテーマ。とても深い難しいテーマだけど、そういうものに自分が少しでもたずさわれるっていうのは嬉しいよね。

ネットワークビジネスのノウハウを伝えるセミナーや講演会はたくさんあるけれど、心の深いレベルの話をしないと、ほんとうの意味で学んでいることにならないと思う。〝ゆるし〟の感覚を身につけないと、心の自由が得られない。心の自由が得られないとネットワークビジネスも、パーッと広がっていかないとぼくは思う。ネットワークビジネスと潜在意識が絡み合って、そして両方が進化していく…。刺激しあって、相乗効果が生まれるんです。

〝ゆるし〟は、じつはみんなが本能的に求めているもの。みんなそれを得られなくて苦しんでいる。それを救うのは宗教だという人もいるけれど、宗教にはちょっと違和感がある。じゃあ、どこへ行けばいいのか？　そういう人がたまたまぼくに出会い、宗教じゃないのに〝ゆるし〟なんていうことについてしゃべってる。それで気に入って、ぼくの話を聞き続けている人が多いんじゃないかと、そんな気がしますね。

ぼくはたまたま、ゆるさなければならなかった父親がいたから、本を読んで勉強して、〝ゆるし〟に辿り着くことができた。父親を憎むということは、自分で自分の足を引っ張っていること。父親を解放しなくちゃ、自分自身を解放できないということに気づいたんです。ちょうどはしごを上るときみたいにね。手を放さないと次のはしご段をつかめないでしょう。ずっと下の段をつかんでいたら上には行かれない。〝ゆるす〟というのは、この手を放して、上の段をつかむことなんだとわかったんです。

わかりはしたけど、放さなくちゃいけないと気づいてから、実際に放せるまで13年もかかっちゃった。これは体がそうなっちゃってるから、金縛りみたいなものだよね。でも、43で死のうと思ったとき、父親に対して心の底からごめんなさいと思った瞬間、ぼくは本当の意味で〝ゆるす〟ことができた。それもいまになってみると、潜在意識に導かれたんだと思いますよ。ぼくの意志ではなくてね。

潜在意識を勉強していると、いろんなものがすべてつながっているということを感じられるようになる。誰にとっても、世の中はその人を中心に回っているしね。みんながそれぞれ自分の人生の主役でありながら、他人の人生の脇役。世の中には善も悪もない。みんなが正しいんだと思います。

ネットワークビジネスは、学歴や人脈がなくても、バリバリ働かなくても、それでもできる。そのかわり、夢をつぎつぎと広げていく能力が必要だね。また、長くやってきてわかったことなんだけど、大きな成果を上げるには、よい人間関係を保っていける能力も必要だね。

会社だったら入社するのに一応面接があるけど、この仕事は面接もないから、どんな人が自分のグループに入ってくるかもわからない。それでもうまくやっていくのはけっこう難しいんだけど、ぼくの場合はテクニックじゃないんだよね。

〝ゆるし〟という一言を学んだだけ。たったそれだけ。どっちかが正しくてどっちかが間違ってるんじゃない。どっちも正しいの。ただ、縁があるかないかだけの話。みんなそれぞれ育ちも年齢も違うんだから、ぼくは言い分で戦わない。とくにグループの人とはね。ぼくのことを陰で非難してる人がいたとしても、あまり気にしない。お互い人間だからね。きっと誤解だと思うし、いつかは打ち解けると思っているし。

ぼくは何かあると、〝ああ、面接が始まったな〟と思うんです。これは神様のテストだと。これは神様がぼくを試しているんだ、〝おまえはこれでもゆるせるか〟とね。それにこの仕事はチームプレーだから、疑心暗鬼になっていてはできない。そんなことをしていたら月収１千万円なんかとても達成できませんよ。

ぼくは無一文から20億円を稼ぎ出した。これはすごいことだよね。こういうことはネットワークビジネスでしかできないと思う。学歴もなし、資金もなし、朝から晩まで働くバイタリティもなし、たいした人脈もなしの、ふつうの人が立ち上がって夢を叶えるために、こんなに素晴らしい道具はないよ。そしてある程度お金がたまったら、そのときは自分で何か好きなことをやればいい。

みんな自分の将来にもっと投資すべきだよね。でも忙しくてなかなか自分に投資することができない。そうすると歳をとったときに、何も投資してないんだから何も残ってなくて、唖然とすることになる。ぼくなんて投資のしっぱなし。自分に投資するためには時間とお金が必要なんだけど、その時間とお金を手にできるのがネットワークビジネスなんです。

いまは60代で定年になっても、80、90まで長生きする時代だよ。だから定年後の人生も見据えて生きなくてはならない。定年後にも楽しく豊かに生きていくために、ぼくはネットワークビジネスが最適だと思うけれど、そのためには、まずよく学ぶことです。そして少しでも早く実践をスタートすること。

最初は自分のグループの中心になってくれる人を3人、あるいは5人つくるまで一生懸命スポンサー活動をする。そうしたら、今度は縦のラインをつくってそのラインを深く、広く伸ばしていく。この仕事は組織づくりが大事だからね。

以前はぼくに人生相談みたいなことをしに来る人もいたんだけど、今ではまず来ない。

なぜ来なくなったかというと、ぼくの答えが25年前からいつも同じだから。みんなの人生相談してたら身がもたなくて25年もやってられないよ。誰も相談に来ないからやっていられるの(笑)。

ぼくは、愚痴が始まったらだいたいこう言ってるね。

あなたね、ぼくがいつも話してるの聞いてるでしょ。〝自分の身の周りに起こることは、ぜんぶ自分の心の反映〟なの。ということは、悪いことを思ったら悪いことが起こる。あなたのいまの話は、ぼくには愚痴に聞こえる。ということは、いやなことが起きているわけだよね。つまり、あなたが心でいやなことを考えているから、いやなことが起きているんでしょう。原因は相手じゃなくて、あなたの心にあるの。ぜんぶ、あなたなの。

ここに、一本の木が立ってるとするね。あなたの話を聞いていると、この木になっている実のことを、「いやだいやだ」と言っているようだけど、ぼくから見れば問題は根っこにあるんだよ。この実がどうのこうの言ったって、根っこがこうだからこういう実がなるの。自分の心が形になって現れてるの。だから実が悪いんじゃなくて、根っこ、つまりあなたの心が悪いの。ぼくはいつもそう言ってるでしょう？

これはお釈迦さんも言ってたこと。だからぼくは、「ぼくじゃなくて、お釈迦さんが言っている」って、お釈迦さんのせいにしちゃうんだ(笑)。

愚痴が出ること自体がよくないんだよ。ある人がうまいことを言っている。

〝いつも感謝をしていると、感謝せざるをえないようなことが起こる〟

その反対に、〝いつも愚痴を言っていると、愚痴を言わざるをえないようなことが起こる〟。そうじゃない？　あなたどうですか？

こう言うとみんな黙っちゃうから、それで話は終わり。だからこの20年以上、誰も身上相談に来ないよ（笑）。

「これで稼げますか？」なんて言ってるうちはだめ

ネットワークビジネスは、自分自身を動機づける力がなくちゃいけない。自分で自分にノルマを課す。上から言われないと動けない人間と、ぼくみたいに上から言われたら動かない人間とがいる。この仕事は、どちらかというと自分で自分を動機づけできる人間のほうが合ってるだろうね。

上司がいないんだからさ。「酒井さん、ちゃんとやってますか？」と聞いてくる人は誰もいないんだもん。これが快感なんだよ。これを快感だと思うか、上が言ってくれないからできない、となっちゃうか。お尻を叩かれないとやらない人はあんまり向かないかもしれないね。

あとは、楽しんでやれるか。それから、自分が心の底からいいなあと思える商品に出会えるか…。ネットワークビジネスの基本は売るんじゃなく、伝える。だから、お金儲けを超えて、人に伝えたくなる商品に出会えるかどうか。女性の場合はとくにそう。腕利きの営業マンじゃあるまいし、営業トークでいらないものも買わせちゃうなんてことはできない。自分が使ってみて「これ、すごくいいわよ」って言いたくなる商品に出会うかどうか、それがポイントなんだよ。そして、その商品との出会いが、自分の人生にとって大きなチャンスだととらえられるかどうか。そこで勝負が決まるんじゃないかな。

「これやったら稼げるでしょうか?」なんて言っているようじゃだめ。そんなレベルじゃね。返事に困っちゃうよ。そんな質問、だれも答えられないよね。自分が商品を体験して感動すればそのことを人に言いたくなるし、人生のチャンスだと自分が思えば人にも言いたくなるし、できるできない、じゃなくて、すべてそこから始まるんですよ。

だから、なんとなくやるのではなく、自分をしっかり動機づけしないとね。目標をしっかりと設定して不退転の決意で臨めば、それを叶える方法に出会うもんだよ。ネットワークビジネスを、〝これは大きなチャンスだ!〟と思える人にとってはチャンスだし、〝ほかの仕事でもいいわ〟という人にはチャンスにはなりえない。ネットワークビジネスは従来の仕事とは異質の仕事だよ。それに気づかなくちゃいけない。

この仕事ができなければ違うことを…なんて思ってるとしたら、見極めができてない。チャンスかチャンスじゃないか、これはある意味〝直感〟だね。それで、チャンスだと思ったら、本気で取り組んだらいい。そうすると、夢が叶えられる現象――人との出会い、本との出会い――が起きる。

大きなグループのリーダーになっていく女性は、みんな夢が大きくて想像力がある。女性には本能的に、受け入れて吸収する力が備わっていると思うけど、リーダーになる人はなにかほかの人たちとは違うね。25年間いろんな女性を見てきたけど、やっぱりどれだけ努力したかじゃないんだ。その人の夢、思いの大きさなんです。

「この仕事はものすごい可能性があるんだよ。1年がんばれば月収30万になっても不思議じゃないし、3年すれば50万、60万になっても不思議じゃないんだよ」。そう話したら、ある女性が「こわい」って言ったの。「え？　何が？」と聞いたら、「うちの主人は朝から晩まで働いて月収25万円。もし私がアロエの仕事を楽しくやって、それで30万円もらえたら、私はこわい」、そう言うんだ。

日本の女性は、だんなさんの給料がいくらであろうと、そのなかでやりくりするのが女の務め、っていうのが頭にガシッと入ってるんだろうね。でもリーダーになる人たちは最初からそんなこと思ってない。生命エネルギーというのかな、自己実現をしようというパワーがすごいんだ。

「アロエの仕事をやりたかったんですけど、主人がだめだと言うんです」、それも正しい考え方。ぼくは引き止めないし、人にはそれぞれの考え方があるから、それはそれでいいんです。

ただ、この仕事で成功している女性たちの共通点は、お金だけがほしいんじゃないということ。自分を表現したいという思いなんだよね。みんなけっこうわがままだよ(笑)。でもね、自分の夢を叶えることについてはほんとうに真剣なんだ。

女性は、結婚して子供を育てて、ほんとうにたいへんですよ。たいへんな思いをしてるんだけど、だんなさんにいくら尽くしても、だんなさんが出世するか、自分の献身が報われるかわからない。そのうえ、子供もいずれは成長して自分の手を離れていく。それで、心にポッカリ穴があき、〝このままの人生でいいんだろうか、何か仕事をしたいけどパートは自分には向かないし、かといってセールスはできないし〟と考えている女性もいる。

女性が自己実現なんて、夢見ることも禁止されていたような時代なら話は別だけど、いまはそんなことないよね。女性でも好きなだけ活躍できる。自己実現なんて興味ないという人もいるけど、自分で何かをしたいという生命エネルギーの強い人が、ぼくについてきたんだと思います。

アロエもすごいけど、もっとすごいのは自分の心、潜在意識の力です。最初は潜在意識の存在を疑ってた人も、疑わない人が自分の夢をノートに書き始めて、それが実現するのを目の当たりにすると、自分でもやり始める。そうしてバーッと広がっていくと、夢が叶う人が徐々に増えていく…。ネットワークビジネスは、潜在意識を使って夢を実現するための最高の舞台なんです。

人は十人十色でしょう。同じ親から生まれた兄弟だってぜんぜん違う。ぼくの言ったことを、聞いたそばからすぐに実行する人がいる。その中で、誰が飛び出すかはわからないけど、絶対に飛び出す人が出てくる。そうすると、それが伝染していくんです。

ネットワークビジネスのすごさと人間のすごさをとらえて、女性は伸びていく。潜在意識は、女性のほうが受け入れやすいね。男性は感情移入とか、自分のことに重ね合わせるというのが、どうもあんまり得意じゃないみたいだ。

女性でも男性でも、大切なのは〝夢〟。はじめに夢ありき、です。行動でも努力でも人脈でもなく、夢。夢を持っているといろんな現象が起きる。夢をなくしたら終わりだよ。ぼくだって自分の夢があるから、がんばれる。夢がなかったら、もういまのままでいいと思うよ。潜在意識を学んでいるせいか、夢がどんどんふくらんでくるね。まだ69だし…。一回しかない人生。あと30年どうやって過ごすのか、考えると楽しいね。

夢があってこその人生だよ。アロエを飲もうと何を飲もうと、ぼくの人生の幕は30年後には間違いなく閉じられる。だから、毎日が愛おしい。残された時間で意味のあることができるはずなんだ。それは、潜在意識を勉強して、体験して、みんなに伝えて、みんなの人生の役に立ててもらうことなんです。


女性のリーダーたちは、ほんとうに熱心に話を聞くんだけど、それは心理学者であるマズローのいう知的欲求が非常に高いから。みんな、目をキラキラさせて聞いてるよね。知的欲求はあってもそれを満たす場がなかなかないのが現状で、たまたまぼくに出会って、ぼくの話に興味をもつ。何か自分を成長させるような、いいことを知りたいという人間の本質的な欲求。そういう欲求を持っていることがヒシヒシと伝わってくるんだ。

みんな、お金ももちろんほしいけど、知らないことを知る喜びも大きいんだよ。潜在意識の話、ゆるすことの大切さ、尊さ。目を輝かせて知的欲求が満たされる喜びを味わっている…。「心のなかがモヤモヤしてたけど、酒井さんの話を聞いて晴れやかな気分になった」とか、「長年抱えていたしこりがとれた」とか、「自由になれた」とか、そういうふうに言ってくれるのを聞くと、ぼくはものすごく嬉しい。みんな救いを求めてるんだよね。でもそれを得るために、どこに行けばいいのかがわからないんだよ。

どこかの生涯学習講座に通って何か習っても、たいていは実際の生活にいかせることじゃないよね。〝勉強している〟という気分は味わえるかもしれないけど、うわべだけで、心にドスンとくるものがない。そりゃそうだよ、教えている先生がドスンと来てないんだから、あなたの心にドスンと響くわけがない。

女性は自分がもっと何かできるはず、と思っている。最初は思ってない人も、話を聞いているうちに、そういう気持ちを持っていることに気がついてくるし、そういう気持ちが芽生えてくる。この仕事は、単純なお金儲けじゃないっていうことが楽しいよね。こういう場はネットワークビジネスしかないなあと思う。それで、そういう向上心のある人がぼくの話を聞きに来てくれると、自分の可能性を試したくなる。その受け皿がネットワークビジネスなんだね。そうやって、ネットワークの輪が広がっていく。

人のために一生懸命動くと、それが自分のためになる。ほんとうによくできていると思う。だってさ、自分がこうと信じることを、しゃべってもしゃべってもお金に困ってるとしたら、ちょっとおもしろくないよねえ(笑)。

見えない世界のすごさ、衝撃的な〝ピコ秒〟体験

潜在意識の力を思い知った出来事はたくさんあるけど、一つ、一週間のうちに思いが叶ったエピソードを話しましょう。やけどのときは、一瞬で〝月収1千万！〟と思ったけど、本当にそれが実現するまでには10年かかった。〝愛する妻〟も毎日やってて、なんとなく現れたなあという予感がして、そして実際に結婚するまでに、2、3ヵ月はかかってる。でもこのときはたったの一週間で思いが叶ったからすごかった。いま思い出しても恐ろしいほど、衝撃的だったね。

フォーエバーの仕事を始めて一年すぎたあたり。ちょっと壁にぶつかってた時期だった。グループの女性たちは商品のよさも知ってるし、頭もいいし、ネットワークビジネスのこともよく理解してるけど、仕事となるとなかなか思うように伸びない。この壁を突破するには、モノの考え方というか、心の持ちよう、つまり潜在意識の力だとぼくは思った。

それでそのことを伝えたかったんだけど、〝思ったら叶う〟っていうのは、ちょっと聞くとなんか宗教っぽいんだよね。だからすごく言いにくかった。「酒井さん、うまくいってないからって、宗教を取り入れようとしてるのかしら」、なんて思われたらいやだなあ、誤解されたらいやだなあ、と心配だったんだ。

でもこのままではだめだ。一か八かやらなくちゃ。それで日記に書いた。

「自分自身が驚くような、奇跡的な、それも真新しい体験がほしい。そうすれば、みんなに信念をもって潜在意識のことを話せる。神様、お願いします」

そして起きたのが、〝ピコ秒の奇跡〟。あのときもほんとうに体が震えたね。へんな話、神様を見たような気がしたんだよ。

1986年3月のこと。月末までの2週間以内に、ある理由でどうしても90万円が必要になったんだ。フォーエバーの仕事で稼ぎ始めたとはいえ、借金も残ってたし、いっぱいいっぱいの生活で余分なお金はなかったので、タイミングがよくすごい問題が起きたと思ったね。

もし2週間以内に90万円のお金が、金策なんかしなくて手に入ったら、これはまさに奇跡だと思った。ぼくは神様にこんなふうに話した。「神様、問題が起きました。すごい問題が出てきました。2週間以内に90万円のお金を与えてください。奇跡を見せてください」。問題が起きたときは、ある意味で潜在意識を使うチャンスなんだ。なぜなら、問題がないと、もし奇跡が起きててもインパクトが弱くてよくわからないから。

数日がたち、期限までにあと10日しかないというとき、ぼくはその日も庭で日向ぼっこをしてた。そのときに、奇跡の兆しを感じた。

日向ぼっこっていうのは気持ちいいんだよ。空が見えるじゃない、雲が見えるよね、そして横を向けば木の葉が見える。そのときに、これが不思議なんだけど、そばに植わってた葉っぱの緑を見た瞬間、昔読んだ新聞の記事がパッと頭に浮かんだ。それは、ある植物学者が子供向けに書いた記事だった。

「植物の葉というのは緑色をしてますね。皆さんは葉っぱがなぜ緑なのかわかりますか？植物が光の粒子をつかまえて、空気中の二酸化炭素と地中からの水で、デンプンをつくることを光合成といいます。植物にはそういう働きがありますが、その光合成をする工場が葉っぱの中にある葉緑体で、それが緑の色素をもっている。だから植物は緑色なんですよ」

「では、光の粒子をつかまえるというのはどういうことかわかりますか？　光の粒子は1秒間に30万キロメートルも走る。つまり地球7周半。そんなに速い粒子を、葉緑体はどうやってつかまえるのでしょう。それは、植物は〝ピコ秒〟という世界に住んでいて、ピコ秒というのは1兆分の1秒のこと。1兆分の1秒、つまり1ピコ秒においては、それほどに速い光の粒子ですら、ほとんど動いていない。だからつかまえられるんです」

その瞬間、〝エッ!?〟と思った。ピコ秒！　1兆分の1秒！　あと10日しかないと思ってたけど、もしぼくが植物だったらこれは無限の時間じゃないか、と。時間が無限にあれば、何が起きても不思議ではない！

人間の感覚で10日しかないと思うからたいへんだけど、ピコ秒の世界で考えたらほとんど無限だ。1ピコ秒においては、光でさえほとんど動いてはいないんだ。植物の次元で考えれば、〝たった10日〟なんかじゃない、ものすごく膨大な時間なんだ…。そう思った瞬間、〝奇跡が起きる！　90万が手に入る！〟と直感した。

その場から反射的に飛び起きて、家の中にいた茂代に、「茂代、ピコ秒！　ピコ秒！」と叫んだけど、彼女はなんのことだか、訳がわからないという顔をしてたね(笑)。

そのあと2、3日は何も起きなかったけど、ぼくには不思議と安心感があって、奇跡を予期することができたんだ。そしていよいよ期限まであと一週間という日曜日。茂代は午前中のうちにどこかに出かけていき、ぼくはいつものように、一人で日向ぼっこをしてた。そこへ、スポンサーの間々田さんが遊びに来た。

その日、かれは茨城で勉強会があると言ってたから、うちに来る予定じゃなかった。でもひょっこり現れたから、「どうしたの？」って聞いたら、「あちらの都合でキャンセルになりました」。それで、2時間くらいお茶を飲んで世間話をした。そしてかれが帰る段になり、立ち上がって突然こう言ったんだ。

「そういえば酒井さん、あのカントリークラブの会員権、買いましたよね？」

「ああ、持ってるよ。でも、あんなものは二束三文だろう」

「うわさによると売買できるみたいですよ」

かれは昔、仕事でゴルフ会員権の売買をやってたんです。あるカントリークラブの会員権を何人かのお客さんに売ったんだけど、価値が下がってしまって困ってた。ぼくも、ゴルフもしないのに、付き合いで同じものをほかの人から買って持ってたのね。間々田さんは、自分が売ったものが紙切れ同然になっちゃって罪の意識があったんだろうね。ぼくはぼくで、価値がなくなったと聞いてからは、その存在すらほとんど忘れてたんだ。

「売れるみたいだ」と聞いてもぼくは信じられなくて、「ほんとかい？」と半分バカにしたようなことを言ったら、かれもそれ以上話さなかったけど、帰りがけに振り返って、もう一度こう言った。

「酒井さん、あれね、なんか90万くらいになるらしいですよ」

ぼくは、そのときもまだ気づかなくて、適当に返事をした。で、間々田さんの後ろ姿が見えなくなったとき、「待てよ、いま確か90万って言ったよな？」。それから心臓がドキドキして、〝もしかしたら、これが奇跡なのか？〟と思い始めた。

それはそうと、あの会員権はどこにしまっただろう…。何年か前まで使っていた金庫が押し入れにしまってあるから、あるとしたらきっとそこだろう。その日のためにか、8桁の暗証番号は語呂合わせで覚えておいた。さっそく開けてみた。…カラッポ!? よく見ると紙が1枚だけ入ってて、パッと手に取ると、まさにその会員権だった。

すぐに間々田さんに電話したけど話し中で、ぼくは一刻も早く確かめたかったから、電話帳で港区のゴルフ会員権を売買している会社を見つけて電話した。でも、その会員権を持っていること自体がはずかしくて、聞くのにちょっと躊躇した。

でも聞くしかないから聞いてみると、「ええ、売買できますよ」「友達が90万って言ってたけど?」「はい、90万です」「ぼく、それ持ってるんだけど、どうすれば売れるんですか」「あなたが持ち主でしたら、その会員権と実印と印鑑証明を持ってきてください」

向こうは至って冷静だけど、こっちはびっくりしちゃってね。「今日、行っていいんですか?」「どうぞ」。〝奇跡が起きた!〟電話を切ってから、体がブルブルと震え出した。

市役所で印鑑証明をもらい、実印も持って、電車を乗り継いでその会社に駆けつけた。2時間ほど前に電話口にでた方が窓口で「えっ、もういらしたんですか?」とびっくりした様子。「ハイ」とぼく。そしてしばらく待った…。90万円を手にしたときは、信じられない気持ちだった。手がふるえて、お札を数えることも出来ない状態だったね。

その会社から出たあと、すぐに近くの公衆電話に飛び込んで、お金の確認をした。そこから、茂代に電話した。「茂代！　おれ、いま90万持ってる。信じられる？」「いま、どこにいるの？」。その日、朝から出かけていた茂代には何のことか、さっぱりわからない。ふと、ガラス越しに空を見上げたとき、雲間から差しのべられた神の手が見えたような気がした。奇跡的な一日だった。ほんとうに驚いた。あんまりすごいんで、ぼくさえ現実のことと は思えなかった。

その日の夜、いきつけのスナックで間々田さんと偶然会った。「間々ちゃん、会員権90万で売ってきたよ」「えっ、ホントですか？　でも酒井さん、やること早いですね。で、どこでですか？」

一週間後、同じスナックでまた間々田さんと偶然会った。かれは、ぼくの顔を見るなり「酒井さん、運がいいですねえ。今日あの会員権を売りに行ったら、売買停止になってましたよ」だって！　かれも自分で売ったお客さんの会員権やら委任状なんかを預かって、ぼくが換金したのと同じ会社に行ったけど、一週間の違いで〝売買停止〟で換金できなくなってた、と…。

ふつうの常識では考えられないと思うんだけど、ぼくが神様に〝奇跡を見せてください〟

と頼んだんで、それに神というか、潜在意識が反応したんだろうね。〝それじゃあ、見せてあげよう〟と。ちょっとおそろしい感じもするよね。

誰でもうまくなる、成功と表裏一体のスピーチ

〝ピコ秒の奇跡〟があったのが、1986年の3月。4月になって、さっそくみんなに話そうと思ったけど、言えなかった。今度はなんだか〝出来すぎ〟で信じてもらえないような気がして…。やっぱり、話すのやめようかと思った。そうしたら罪の意識にさいなまれた。神を裏切っているような気がした。

それで、なんと思われようがいいや、と覚悟を決めて、〝ピコ秒〟のこと、〝愛する妻〟のことなど、それまでの体験をまじえながら潜在意識についてみんなに話してみた。ありがたいことに、みんな目を輝かせて、おもしろがって聞いてくれましたね。

それから、ぼくが主催する勉強会に第1月曜日の『商品』、第2月曜日の『ビジネス』について、第3月曜日の『潜在意識』を新たに加えることにしたんです。

そしてつぎにぼくが気づいたこと。それは、みんな人前でしゃべることが苦手だということだった。みんな成功したいし、月に100万円稼ぎたいと言うけれど、ネットワーク

ビジネスの世界では、自分のグループが大きくなってリーダーになると、人前で話すことが多くなる。しょっちゅう、「あなたの成功例をちょっと話してみて」と言われる。

1対1なら話せても、大勢の前でスピーチするのって、みんないやがるんだよね。それでぼくは、みなさんが本当に成功したければ、人前で話すのがいやだと思っちゃいけないよ、と話した。なぜなら、〝成功したいけど、人前で話すのはいやだわ〟という気持ちがあると、〝いやなことをしてまで成功しなくてもいいや〟という気持ちが働いて自動的に成功から遠ざかる。勝手にブレーキがかかっちゃうんだ。

それはぼくも体験上、知っている。だから、「今度の勉強会では話し方の練習をする」と宣言して、第4月曜日に『話し方教室』をやることにした。

そして、ぼくが30代半ばに通ったことのある、デール・カーネギー(『人を動かす』の著者)が開発したトレーニングをやったんです。それは、人の前で表現することを通じて成長する、というもの。そのトレーニングでは、たとえばこういうことをする。ちょっとくだらないんだけどさ。「黒雲モクモク、稲妻ピカピカ、子豚が死んだ」(笑)。これをジェスチャーつきでやるんだよ。

そのころ勉強会に参加してた方たちは全部で20~30人、40歳前後の主婦が中心だった。ちょっとはずかしいよね。それをぼくがみんなの前でやって、来週はこれをやってもらう、と言うと、「やだー!」という声があがる。「いやなら来なくていい!」

でも、みんな来た(笑)。不思議だよね。「はい、○○さん。つぎ、○○さん」。そうやってみんなにやらせた。それが終わると、2分間スピーチ。「あの…、ええと…」なんて言ってると2分なんかすぐたっちゃって、何もしゃべってないのに拍手で終わったりして、皆で笑ったこともあったな。出席した人は全員辞退できないルールだったから、おもしろかったね。そういうことを何回か繰り返すことによって、話すことが苦じゃなくなっちゃったんだよ。成功して人前で話すことになってもいいわ、になっちゃった。

成功をじゃまするものがなくなった。そうしたら成功できた。人間は、成功したいと本当に思ってても、同時にマイナス要素も抱えてる。成功したら目立つからいやだとか、ねたまれるとか、誰かが金を借りにくるとかね(笑)。そういうものがあるとブレーキになって、成功できないんです。そういうことをぼくは知ってたから、これをやらせた。

だから酒井グループの人はみんな話すのが上手だよ。上手になってから、みんなどんどん伸びていった。

成功とスピーチのうまさとは、一見関係がないようだけど、じつはすごく関係がある。それをぼくは見抜いて、みんなの苦手意識を取り除いた。そうしたらみんな成功に近づいた。「子豚が死んだ」なんて、はずかしくてふつうはやってられないよ。でも、それをやってしまえばあとは何だってできちゃう。自分の成功例を話すのなんて、朝飯前だよね。

それにしても、人間っていうのは、〝やる〟と決めたら、そういうチャンスやヒントが与えられるものなんだ。こういった現象は、ぼくの人生で頻繁に起きるんだけど、このときも、まさにそういった現象だった。

ぼくがこの仕事を始めたころ認定会に行ったときの話。その日、群馬から清水さんという人が来ていて、認定会の後半にビジネス体験のスピーチをすることになった。ぼくのスポンサーのスポンサーで、ビジネス開始から一年のうちに月収１００万円を達成したトップディストリビューターの一人だった。実家は農家だという。そのころぼくは坂戸市（埼玉県）に住んでたんだけど、当時はまだ人も集まらなくて、そのときも全部で10人くらいしか来てなかった。ぼくはグループの人はだれもいなくて、一人で参加した。

さて、一体何をしゃべるんだろうと思っていると、清水さんはホワイトボードに〝アロエ第一主義〟と大きく一字一字書いて話し始めた。〝なるほど。たしかにそうだよなあ。いいこと言うなあ〟と思いながら聞いてたんだけど、スピーチのあとがもっとよかった。

ぼくは椅子に座ったまま、たったいま話をしてくれた清水さんを、あこがれの思いでなんとなく見ていた。そうしたら、清水さんが自分のグループの人たちに話しているのが聞こえた。「この仕事は4ヵ月が勝負だよ。おれは4ヵ月がんばってこうなった」と言ったんだ。それがぼくの心にパーン！と入っちゃった。もともとぼくは〝4ヵ月で月収100万とる〟と死の淵で決意してスタートしたわけだから、実際に月に100万稼いでいる清水さんのその言葉にものすごく動機づけられた。体験者の話にはパワーがあるよ。それで、〝よしっ！　できる〟と思ったんだ。

自分が求めているヒントは、必ずそうやってどこからともなくやってくるんだよね。いま思うと、あれは天の声だったと思う。

4ヵ月と聞いて、よけいに気合いが入ったね。あれがもし〝1年〟だったら、どうだったろう。こっちは、尻に火がついている状態だったから、間延びして気合いが入らなかっただろうね(笑)。人間なんて、ほんとうに一生懸命できるのは4ヵ月が限度じゃないかな。ぼくは、どうせ死ぬか生きるかだから、4ヵ月はがむしゃらにやってみようと、100万稼げなければ借金が増えて死ぬしかないんだから、あのときの清水さんの言葉「この仕事は、4ヶ月が勝負だよ」は、最高のヒントだった。

「やりなさい」と言ったらだめ、押し付けると引く

ぼくは例のキャンプ場での奇跡の何ヵ月か前に、サイドビジネスのつもりで3人の方に

「体にいいよ」と、アロエベラジュースをすすめたことがあった。その3人ともが買ってくれた。昔はね、紹介者から2ケース買えば、あとは登録して会社からじかに3割引で買えるというシステムだった。3人は、それぞれぼくから2ケース買ってくれたんです。

これで晴れて3割引で買えるようになったのに、そのあと誰も買わないんだよ。「飲んでもよさがわからない」って。みんな健康だから、「どこがいいのかわからない」と、そう言うんだ。そんなことがあったから、ぼくはこの仕事は難しいぞと思ってましたね。

だから、「月収1千万！」と命をかけてスタートしたはいいんだけど、実際どうやってアロエを広めたらいいか分からなかった。そのときに、前の失敗が生きてきたんだ。ああいう売り方をしてはだめだ。まず、自分はなんのためにフォーエバーの仕事をするのかを、真剣に考えようと思った。〝アロエは体にいい〟という意識があったから、つい買ってくれた人に「体はどう？　アロエはいいみたい？　調子は？」そう聞きたくなっちゃう。でも、これは違うなと思った。

おれは命がけで仕事をするんだ。駆け引きなんかしちゃいられない。人の体がどうのこうのじゃない、あくまで金を稼ぐためにやるんだ。体にいいことは確かだし、それはそれでありがたいことだ。でも、「体にいいよ」とだけ言ってたらおれの目標は達成できない。だから、「おれはこれで金を稼ぐし、あんたもおれと一緒に稼がないか」と、真っ向勝負でありのままを言っちゃえと、そう決めちゃったんだよ。つまり、〝お金儲け〟を前面に出してスタートしたんです。

それで、「いい金儲けあるよ」と電話し始めた。そうなると、女性よりも男性のほうが話しやすいし、それも自営業者がいいと思った。「酒井さん、金儲けってなんだよ」「電話じゃなんだから、ちょっと来てよ」。それで、来たらお金のことはとりあえず言わないで、「ちょっと黙って聞いてほしいんだけど、あんたは、この仕事しなくていいよ」と言う。「なんでだよ。酒井さんが金儲けの話をするって言ったんじゃないか」「うん、したっていいけど、あんたにはできないかもしれない」

そう言うと相手も混乱しちゃう。ところが、人間っていうのは、そういうふうに言われると真剣に聞くものなんだ。最初からアレをやれ、コレをしろ、と言われると聞きたくなくなっちゃう。だって話を聞いて、もしうなずいたら、買わなくちゃならない、やらなくちゃいけなくなるでしょう。それが相手にとって大きなプレッシャーになって、話をまともに聞いてくれない。だから最初に、「あんたはやらなくていい」と言うと、安心して話をよく聞いてくれるんだよ。これは駆け引きでもなんでもなくて、真実、男は本業があるから、そう簡単には転職もできない。だから、こうお願いした。「あなたの知り合いに、仕事を探してる人がいるかもしれない。そういう人がいたらおれに紹介してほしい」

それから、まず商品。アロエベラがどんなにすごい植物かを話し始めた。「おれは金もほしいけど、金儲けするにはいい商品に出会うことだよ。アロエって知ってるだろ？　これがアロエベラっていう、本物のアロエなんだよ。日本のアロエだっていいんだから、本物はもっとすごいんだよ」とそれまでに学んできたアロエベラのことを、Ａ３の用紙に鉛筆で絵を描きながら30分も40分も熱心に話した。

当時はみんな、日本になじみの深いキダチアロエについては知ってたけど、アロエベラのことはほとんどの人が知らなかったから、フーン…って聞いてたね。

アロエベラの話が終わったら、いよいよ本番だ。ネットワークビジネスがどれだけすごい仕事かを、ありったけの資料を出して話した。そのころぼくのスポンサーの間々田さんは、毎月１００万円近く稼ぎ始めていたんで、間々田さんの収入表のコピーなんかを見せたこともあったな。

誰に話すのでも、２時間近くはかかったね。だから、とても電話なんかでは用が足りないんだよ。もっとも、電話じゃ途中で切られちゃう恐れもあったしね。

ぼくの話を聞き終わったときの会話はたいていこうだった。

「で、酒井さん、それどこで買うの？　お店で買うの？」

「いや、これはね、ネットワークビジネスだから、お店では売ってないの。おれはこの仕事をしてるから、買い置きが少しあるよ」

「じゃあ、買わせてよ」「いいよ」「ゼリーを娘に使わせたい。家内にはジュースを飲ませてみたい」って。もちろん本当に商品も使ってみたかっただろうけど、みんなが買ってくれたのは、お金儲けの話も頭に入ったからだと思うよ。なんたって、ネットワークビジネスを成功させるには、商品の力とお金の入る可能性の魅力を伝えることだね。

どのネットワークビジネスの会社の仕事であろうと、まずは商品が基本。たまたまだったけど、ぼくにはアロエベラが〝合った〟ということなんだと思う。誠実な会社であること、無理のない販売プログラムであることは無論のこと、〝自分に合った商品〟を扱っている会社に出会うことが大切なんだよね。あのころは、資料っていったって、あんまりなかった。フォーエバーだって、商品パンフレットが1枚と販売プログラムが1枚だけ。いまだったら『2×2=6』とか『強い味方』とかのツールを、「これ、帰ってから読んでみてよ」と言って渡せばいいから、すごく楽だよね。

忙しくやっていれば一生懸命？　でもどうなのだろう

そんなふうにスタートはしたけど、たいへんなのは茂代だよね(笑)。命がけでやったといっても、ぼくがしたことはほとんどが日向ぼっこだったから。雨が降れば家の中で寝てるんだよ。ある日、ぼくが寝てたら、茂代がぼくの寝てる部屋まで掃除機をかけに来た。あれには頭にきちゃったなあ。「どこかへ行ってきたら?」っていうサインだよ。ぼくにプレッシャーをかけてるんだ。それで、大声で怒鳴ったの。「何やってるんだ！　おまえね、おれが寝てるのが仕事だと思わないのか！」って。ふつうは思わないよね(笑)。ふつうの人は思わなくていい。でも、茂代はぼくの女房だよ。「おまえはおれとどれだけ一緒にいるんだ。寝てるのが仕事だってわからないのか！」。この話をすると、またみんなが「なんで別れなかったの?」って茂代に言うんだけどね(笑)。

命がけでやると言っても、実際はそうそう行くところがないんだよ。だから、日向ぼっこ。でも、日向ぼっこしたり、昼寝したりしてると、ふと知り合いの顔が浮かぶんだ。そうだ、あの人に話してみようってね。そうしたら起きて電話をする。

「おう、酒井さん、久しぶりだなあ」

「ちょっと仕事の話があるんだけど、うちに来ない?」

人に会うのは1週間に2回くらい。だってもともと人脈ないんだからさ。でも、どんなに人脈なくても知り合いがまったくいないってことはないから、必ず誰かのことを思いつくんですよ。

1週間に2人だけだとしても、1ヵ月に8人、4ヵ月で30人を超えるでしょう？　そうすると、真剣にこの仕事に取り組む人が3人現れる。この3人の人たちが、ドン・フェイラが『2×2＝6』で言っている〝金の船〟です。


日向ぼっこや昼寝にそんな効果あるの？って聞かれても、ちょっと説明が難しいし、ふつうの人にはわからないんだよね。掃除機でじゃまもしたくなるよ（笑）。

ふつうは、忙しく動き回っていると一生懸命働いている、と思うよね。でも、実際はどうなんだろう。ぼくはけっこう無駄な動きも多いと思うよ。世間体を気にして、というか、自分が仕事をしているというアピールの要素もあるのかな。焦ってるから体が動いちゃうのかもしれないけれど、そんなふうに動くのなら、かえって寝てたほうがいいというのがぼくの考え。これも、ぼくが潜在意識を学んできたからできることでね。潜在意識を学んでなくちゃそんなことできっこない。

日向ぼっこは、ただ寝ているように見えるけど、深い意味があるんです。前はよく、ぼくの日向ぼっこを見に来る人がいたんだよ。ほんとうに日向ぼっこをしてるわけないと思ったみたい。きっと、陰では休む間もなく動き回っているんだろうって。でも、ぼくはほんとに日向ぼっこしてるんだよ(笑)。それなのに、いろんな奇跡が起きるからみんなびっくりするんだよね。

今ではトップリーダーになっているある女性も、最初はぼくのことを疑ってたんだ。日向ぼっこしてるなんて嘘だと思ったらしい。それで、うちまで見に来た。ぼくはいつものように庭で日向ぼっこしてた。そしたら、「ほんとに日向ぼっこしていらっしゃる！」って、そう言って驚いてたね(笑)。

あたりまえだよ、日向ぼっこはぼくの仕事なんだから。でも彼女はたまたまだろうと思って、2回も見に来た。そのときぼくは日向ぼっこしてなかったの。「やっぱりね」と思ったそうだ。当時のぼくの家は縁側からすぐに居間が見えた。そしたら、居間の日溜まりでぼくが寝てるのが見えたらしいんだ。それでようやく彼女はぼくのことを信じるようになって、以来ぼくを信じきってついてきている。

日向ぼっこしてる姿を確認してぼくの言っていることが真実だとわかったなんて、なんだかパッとしない話だけど(笑)、すごいのは、ぼくだけじゃなくて、ぼくの言ったとおりのことをやっている人にも、奇跡のようなことが起きているということ。「月収1千万」にしたって最初はみんなバカにしてたのに、ぼくはちゃんと実現したからね。

みんなが信じなくても、ぼくはまったくかまわない。ぼくは自分の信じる道を行く。だってこれは自分の命なんだから。どんな宗教にも属してないけど、ぼくは自分の神を信じてるし、それを絶対に裏切ってはいけないと思ってるんだ。人は人。人間なんてみんな誤解がある。人が自分のことをどう思っているかなんて、考えたってしかたない。自分の命をこの世の中で表現する、それがぼくの人生。ほかの人が何を思おうと関係ないんだよ。

でも、それは人を嫌いになるとかじゃないよ。みんなそれぞれ自分の世界に生きているから、一人ひとりの世界はそれぞれ違うという意味なんだ。それがわかれば、みんなに賛成してもらおうなんて無駄なことだってわかるでしょう。ぼくと茂代だって、あれだけしゃべっててもいつも行き違いをしてる。まして他人同士ならどれだけ勘違いや思い違いがあるか。それをいちいち考えてたらおかしくなっちゃう。そんなの無駄だと思わない？

また別のあるトップリーダーも、25年前はふつうの奥さんだったんだよ。アロエベラを人にすすめたら、「ネズミ講でしょう」って言われて、親戚にも拒否されて行くところがなくなったの。それで「私、行くところがなくなった」とぼくに言ってきた。ぼくは「よかったね」と言った。そしたら怒ったように「なんでよかったんですか？」って問い詰めてきた。

「あなた、ぼくの潜在意識の話、聞いてるでしょ。人間に必要なのは人脈じゃない。頭だよ。あなたの目標は月収１００万だったよね？　いまでもその目標は変わらない？　だったら絶対にできる。人脈じゃない、大切なのは、あなたの頭の中だよ」。そう言って、彼女の頭を指さしたんだ。

極論を言えば人脈なんていらない。必要なのは、願望・夢・目標だ。いつも自分の願望や夢について話したり、想像したり、書いたりしていれば、いつかそれが信念に変化して、その信念が魔術的に奇跡を引き起こす。ぼくは「月収1千万」を真剣に思ったから、宣言したから、ぼくの思いを実現させる人脈が現れた。そしてそれを可能にしてくれたのが、ネットワークビジネスと、そのすごさをいかすための最高の武器――頭であり、想像力――なんだ。みんな、自分の頭を財産とみなさない。でもそれが真の財産なんだよ。

そう考えれば、誰もがすごい財産を持ってるでしょう？　気がついてないだけでね。そのことに、この本を読んで気づいてもらえたらと思いますね。

人脈や学歴よりも自分の〝脳の取説〟をよく読んで

10年間、必死でこのビジネスをやってきたおかげで、19のとき誓ったように〝どぶ板から這い上がる〟ことができた。ほかの仕事では絶対にこんなことできなかっただろうね。

ネットワークビジネスはコンピュータを背景にした新しい感覚の仕事だから、ひたすらがんばり続けないといけないというものではないんだよ。

ぼくは、認定会で耳にした清水さんの言葉にピンときて、最初の4ヵ月間だけがんばった。知り合いなんて、多い少ないはあるにせよ、ふつうの人だったらせいぜい20人か30人で、4ヵ月たつと行くところがなくなる。だから、スタートした時点から4ヵ月が最初の勝負どころなんだ。理想を言えば、その間に自分と一緒に仕事をしてくれる人を5人見つけたいところだね。

ここで誤解しやすいのが、〝スタートした時点〟という言葉の意味。ぼくの考えはここでもフェイラ夫妻と一致するんだけど、仕事として始める前にトレーニング期間、つまりネットワークビジネスのことを理解する期間が必要なんだ。1ヵ月の人、3ヵ月の人とさまざまだけど、ぼくの場合は、のべ6ヵ月くらいだった気がするね。〝トレーニングが終わった次の月が、いよいよその人にとってのスタートの月となる〟とドン・フェイラは言ってるけど、ぼくもまったく同じ考えですね。

さて、トレーニングを終えて、いよいよ仕事をスタートしたとする。でも自分が理解したからといって、人がすぐにわかってくれるということではないんだよ。十人十色なんだから、10人に一生懸命しゃべって、一人くらいは真剣に取り組んでくれる人が出てくるという計算。最初話した人にけちょんけちょんに言われ、次の人もけちょんけちょん。でもそれでいいんだ。10人に話せば必ず一人はわかってくれる人が現れる…、ぼくはそれを信じて続けた。そして30～40人に話した結果、ぼくの場合は、大半の人は理解してくれて、最終的に真剣に仕事に取り組んでくれたのは5～6人だったんです。

ここでちょっと付け加えたいのが、この5～6人がなかなかたいへんだということ。ぼくの場合は最初から「月収1千万」をねらっていたから、なんとか5人の人をつくりましたが、フォーエバーの場合は〝金の船〟になる人は2～3人で十分だと思います。

あとはその人たちが知り合いに伝えるのを手伝ってあげればいい。始めるときに、すでにぼくはこのことがわかっていた。だからやる気になれた。基盤ができるまでに何年もかかると言われていたら、ぼくはやれなかったと思う。4ヵ月、あるいは半年がんばれば、あとはグループの人の応援をして、深掘りしながら組織づくりをすればいい。

人間にとって、なんたって開拓が一番苦しいし、難しいもの。人の応援をするのはそれに比べれば簡単だよ。開拓はいつも、断られるんじゃないかという不安を抱きながらやるんだから、すごい精神力が必要。だから営業マンはたいへんだよね。ネットワークビジネスでは、自分と一緒にやってくれる人が3人から5人できて、その人たちがまた広めてくれて、そうやって10年続けてある程度組織ができれば、おのずと市場ができる。これがいいんだよね。

お金をもらうには毎日休まず働かなくちゃいけないという感覚は、美徳なのか何なのかよくはわからないけど、どちらかといえば、ぼくは苦手ですね。一時期、損害保険のセールスの仕事をしようと考えたこともあった。そのとき、知り合いに聞いたんだけど、10年かければある程度顧客ができ年収1千万円はとれる。でも、それ以上お客さんが増えたら収入は上がるけど、そのアフターフォローが大変なんだよということだった。それで、同じ10年かけるんであれば、思いっきりやって組織をつくってしまえばお金の入るネットワークビジネスがいいと思ったんだ。ネットワークビジネスは、自分がつくった組織の中を商品が流通するかぎり継続的にお金がもらえて、そこが大きな魅力なんだよ。価値あるものを得るには、何でも最低10年はかかるでしょう。だから、ぼくはできるだけ大きな流通組織をつくってあとは楽をしようと、10年は必死でやろうと覚悟したね。

何度も言うけど、この26年を振り返って、ぼくは改めて〝ネットワークビジネスは素晴らしい〟と思います。だから、その素晴らしさをみんなに伝えたいんだ。

「どうやって成功したんですか」と聞かれれば、

「ぼくには、潜在意識があったから」

「なんで収入があるんですか」って聞かれれば、

「ネットワークビジネスのことをきちんと学んで、商品の流通組織をつくったから」と答えるね。

ぼくのライフワークは潜在意識だけど、潜在意識について勉強したことをまじえながら、ネットワークビジネスのすごさを伝えていったら、すごくうまくいった。本当はライフワークのほうが重要だけど、世の中は物質社会。家も必要だし、食べものも必要。その生活と健康を支えてくれているのがフォーエバーの仕事。あたりまえだけど経済は大事です。ネットワークビジネスのすごいのは、お金と時間の両方が手に入るところだね。

お金だけじゃくだらない人生だよ。時間があって、お金があって、友達がいて、自分の夢を分かち合える人がいる。だからこの仕事は楽しいんです。ぼくの話を聞いて、みんなが勇気を持ち、やる気になって、そして豊かになっていく。それを見てこちらも幸せになる。これはやっぱり、掛け値なしに楽しいよね。

ふつうの仕事であれば、自分のことは秘密。ライバルにアイディアを盗まれたくない。でも、ぼくはみんなのためになると思うことは何もかも隠さずに話す。こういう気持ちのよい世界があるということを大勢の人に知ってもらいたいんだ。

ネットワークビジネスは人間関係の仕事でしょう。その意味では高度な仕事だと思うよ。生き物、まして複雑な脳を持った人間を相手にしてるんだから。簡単なようだけど、難しい。自分がシンプルに考えても、相手もそうだとはかぎらないしね。さまざまな個性を持った人たちとつきあっていくんだから、〝ゆるし〟という武器がないとやっていけない。ぼくがこの武器を、この仕事を始める直前に手に入れたっていうのもちょっと出来すぎてるよね。〝ゆるし〟という武器がなければとっくにやめてるだろうし、いいとこ月収100万か200万で終わりだよ。人間関係がよくないと、せっかくつくった組織がばらばらになっちゃう。だからコミュニケーション能力が大事なんだ。

我を張ったりしてはいけない。学歴を鼻にかけたり、人を抑えつけたりしちゃいけないの。ここではみんな同等。シンプルなんだけど、じつは非常に高度な仕事なんだよ。

この困難な時代に、現れるべくして現れた仕事です

ぼくはみんなに話す前に、いつも茂代でリハーサルをしてるからプレゼンテーションがうまいのかもしれないね。茂代に話して彼女が理解すれば、ぼくもわかっているということ。ぼくのやることとは、半分以上は茂代の力だよ。茂代の役割はほんとうに大きい。でも、その茂代を〝愛する妻〟で呼び込んだのは、ぼくの潜在意識だからね(笑)。

茂代はほんとにすごいよ。茂代がいなくちゃ、ぼくはいない。39年間、二人でミーティングを繰り返してきたんだからね。昔、6畳一間のアパートを借りてて、銭湯へ行ったときは出口で待ち合わせて、近くのスナックに行くわけよ。それでぼくはタバコを吸いながら、酒を飲み、自分の夢をしゃべるわけ。そういうのが一つの儀式だった。茂代は、いつもいつもぼくの夢を聞いてくれたんだ。あのときに「そんな話、聞きたくない」って言われてたら、ぼくは絶対にこうはなれなかったと思うよ。

彼女の考えは彼女のものだからぼくにもよくわからないけど、茂代があしていつも耳を傾けてくれてきたのも、やはり潜在意識で出会ったおかげだと思う。いま我々の目に見えている世界とは別次元の世界がある。ほんとうに奇跡だと思うよね。だから潜在意識の話になると、どうしても〝愛する妻〟の話になっちゃう。だっていまでも不思議なんだもの。だからついしゃべっちゃう。〝神様からのプレゼント〟だと、心の底から思うよ。茂代も、子供たちも、フォーエバーも、グループのメンバーも。だからぼくはみんなに頭が上がらないんだよ。

茂代と結婚できたということは、ぼくにとってどんなことよりもすごいことで、宇宙にそういう流れがあるっていうのが驚きだよね。どういう人生を生きたいか、どういう女性と結婚したいか、つねに意識していることが大事です。自分の意識をどこに向けるか、ということ。なんとなく生きて、なんとなく結婚して、なんとなく…じゃ、あなたほんとに生きてるの？　って聞きたくなっちゃうよ。自分がほんとうにしたいことをもっと強く意識し、表現していくこと。それができないのは、人目を気にしすぎるから。ぼくはアメリカの本を多く読んで影響を受けてるせいか、人のことはあまり気にしないね。

また、「お客様は神様です」って言うでしょ。自分のグループの人たちはみんなお客様なの。だからグループの人たちはぼくの神様なんだ。神様とはケンカはできない。リーダーは、みんなそう思えば争いがないよね。だってお金をもらうのってたいへんなことよ。お金をもらうのに、あれこれ命令することもないでしょう。ぼくは26年間、グループの誰にだって命令したこともないし、また言い争ったことなんて一度もないよ。

ぼくは１９８４年の８月17日にフォーエバーの仕事を始めて、自分で宣言したとおり、その年の暮れに月収１００万円突破。それから、これも宣言したとおり、10年後に月収１千万円を達成した。ホントに少ない人脈からスタートしてね。ぼくは潜在意識とネットワークビジネスに救われた。ぼくと同じように救われたい人が世の中にいると思う。親を憎んで苦しんでいる人、仕事がうまくいかなくて苦しんでいる人。そういう人を、ぼくの体験を語ることで救ってあげることができるんじゃないかと思うんだ。自分はそれをやるべきだと思う。

単純にいえば、ぼくは潜在意識とネットワークビジネスに助けられたから、この二つを伝えることが恩返しだと思っている。そういう思いがあるから、ここまで来れた。これでひと儲けしてやろうなんて考えていただけなら、ここまでは広まっていかないよ。これはぼくにとっての恩返しなんです。多くの人がネットワークビジネスを誤解している。これは時代が生んだビジネスで、生まれるべくして生まれたビジネスなんだ。そういう流れがあったということ。それを頭ごなしに否定しちゃうと、ほんとうにもったいない気がしますね。やるかやらないかはわからないけれど、勉強してみようか、という気持ちくらいにはなってほしいねぇ。

ほかの会社のことはよくわからないけど、フォーエバーの場合は、ネットワークビジネスのこと、アロエベラのことをしっかり学べば、月々30万円の収入はとれると思う。何ヵ月かかるか、あるいは何年かかるか、これは個人差があって何とも言えない部分だけど。ぼくは4ヵ月で１００万円を達成したけど、必死にやったし、またいろんな縁のおかげとしか言えないね。でも26年間ネットワークビジネスをやってきて、いま振り返ると、ぼくが期待していた以上の収穫があった。これも幸運だったとしか言いようがないね。

いま、日本は世界に類を見ない高齢化社会に突入していると言われている。そういう時期に高齢者も参加できる仕事が、ちょうどいいタイミングで現れた。

会社によって若干違うと思うけど、みんなが直接会社から商品を買ってくれるから、自分は在庫を持たなくていいし、商品を届けたり送ったりしなくていい。しかも、すべてのディストリビューターの報酬の計算を、コンピュータがやってくれる。ほんとうに楽な仕事だと思うよ。

それから、友人が増えるのがいいんだよ。ぼくみたいな人付き合いの苦手な男が、全国に夢を語れる仲間ができたのもネットワークビジネスにたずさわったおかげだよ。

たとえばフォーエバーの場合は、資金だって2、3万円のお金から始められるし、アロエベラジュースが主力商品だから簡単。赤ちゃんが飲んでも、高齢者が飲んでも問題ないし、「アロエは体にいい」ってたいていの人は知ってるしね。

社会はめまぐるしく変化している。そして、大勢の人たちが将来に対する経済的な不安を抱えている。そういうときに、理想的な受け皿が出現したんだから、それを検討しない手はないよ。そういうぼくも、26年前には理解できなかった。それを理解できたのも、たまたま近所に住んでたスポンサーの間々田さんが、「酒井さん、やりましょうよ」としょっちゅう声をかけてくれたおかげなんだけど。

かれは、よくぼくに言ってた。「酒井さん、ネットワークビジネスは敗者復活の仕事ですよ」、「ぼくは、将来の年金のつもりでやってるんです」。そのときは、フーン…と思ってたけど、26年後のいまになってみると、「間々田さんの言ってたこと、当たっていたな」と思うね。

〝マルチ？〟なんて言ってる人がいる今がチャンス

ぼくは、ぼくみたいな人間にドンピシャリの仕事に出会った。そのタイミングも、みんながまだこわくて飛び込めないときだったから、なおさらよかった。「おれはいいや」「私はいいです」、人がそう言っている間は、まだまだチャンスがあるんです。みんながみんな「はい、やります」というようだったらチャンスはない。ライバルが多すぎてね。いまならまだライバルが少ないから、よけいに大きなチャンスなんだ。

ブティックを経営していたあるリーダーが、いつかこんなことを言ってた。「ネットワークビジネスに消極的な人は多いですよ。みんなが参加してきたら、それこそわれわれの出る幕がなくなりますよ」。それを聞いて、ぼくは〝うまいこと言うなあ〟と思った。この〝やりにくさ〟がいいのか…！　ってね。それがいまでもずっと続いているんです。

人生一回しかないんだから、自分の花を咲かせたい。そのために天から命をもらったという物語をいつもぼくは頭のなかで思い描いている。ネットワークビジネスはすごいチャンス。世間の人がなんだかんだと言ってるうちが、より大きなチャンス。みんながみんな始めてしまったら、人脈を持った人が成功するという図式になってしまう。いまはまだそういう段階ではなくて、理解できた人から成功に近づける。

ぼくらがネットワークビジネスをやり始めた26年前は、いまよりもっとやりにくい時代だった。でも、そんな時代でも、流通経費還元のシステムについて話すだけで理解してくれる人も多くいたね。理解しようとするのも、チャレンジじゃないですか。たとえば、ぼくみたいな人間が〝敗者復活〟できるのはこれしかないんですよ。だからこそ、ネットワークビジネスは正当なビジネスであることをしっかり理解して、夢を描いて、思いっきりチャレンジすることです。人生は一回。「みんなが躊躇してやってくれないからだめだわ」じゃなくて、「だからこそチャンス」ととらえてほしいね。

いま、将来に不安を抱いている人、また経済的に困っている人が、調査史上一番多くなっているそうです。日本は高齢化が進んでいるしね。だんなさんは60歳で定年になっても、まだ先は長いし、そうかといって働くのもエネルギーがいるしね。だけど奥さんたちは、みんな体力もあってまだまだ元気なんだよ。

「今度は私が働いてくるから、お父さんじゃましないで待っててね」

「私が少しでも稼いでくるから、お父さんの年金と合わせてがんばりましょう」

そういう女性がたくさんいると思うんだ。だんなさんは何とか年金で静かに暮らせるかもしれないけど、奥さんはしょっちゅう出掛けたいし、買い物もしたい。友達とおしゃべりすればお茶代もかかる。だんなさんは家にいて新聞とテレビでいいけれど、奥さんは外に出たいんだよ。

だから、奥さんをもっと自由にさせて、30万円でも稼いできてもらえば、だんなさんも楽だと思うよ。「ネットワークビジネスなんてだめだ」と言うだんなさんを奥さんがきちんと理解し、説得して、「そうか、じゃあおれはやらないけど、勉強会でも何でもいってらっしゃい」っていうような環境をつくる。そして、だんなさんの定年後はこんどは奥さんが働いて、だんなさんの面倒をみるのもいいんじゃない？

ぼくの話は女性のほうが受けがいいんだ。女性は咀嚼《そしゃく》するのが上手だし、いいなと思ったらすぐにしゃべりたくなる。行動が早いし、エネルギーがある。女性には、ぼくの感覚的な話を理解する能力がある。

シンクロニシティという現象にしても、男にはなかなか起きない。女性にはすぐ起きる。

男は頭っから〝そんなことあるはずがない〟って拒否しちゃう人が多いんだよね。たとえば、久しぶりの同窓会で男友達に「ねえ、もしね」と言うと、「酒井、仮定の話なんかするなよ」って言う。現実のことを言え、とね。男はだいたいそうよ。ぼくなんて、〝もし〟だけで、2時間でも3時間でも話が続いちゃうけどね(笑)。

ぼくだってはじめはネットワークビジネスを違法な商法かなと思った。頭が固かったのか、正当なビジネスには思えなかった。自分で当時の通産省に電話して、担当の人の話を聞いて、法的にも問題ないとやっと納得できた。とにかく、道が拓けた。あとは、それまで学んできた潜在意識を実践して、「月収1千万」にチャレンジするだけだったね。夢のまた夢の目標、「月収1千万」に向かってね。

フォーエバーでは、いまブラジルが勢いよく伸びてるんだけど、潜在意識に興味を持っている人が多いみたい。ブラジルで活躍しているリーダーの一人が日系ブラジル人なんだけど、かれが日本の大会に来たときぼくの隣に座って、「ぼくは酒井さんに会いたかった。憧れだった。潜在意識のことを知りたい、学びたい」と言ってたよ。なかなか勉強する場所がないけれど、心のなかではみんな興味を持っていて、きっかけがあれば勉強してみたいジャンルなんだと思いますね。

ネットワークビジネスは60歳からでもできるよ。いままでやってきたことがすべて生きてくるんです。従来の仕事ではなかなか生かせないけれど、この仕事なら生かせる。昔の肩書きなんて捨ててさ。子育ても終わって、家のローンも終わってようやく自由になったんだから。みんな同じ、生きてること自体がすごいんだ。そういう気持ちを持ってやればみんな成功できますよ。

人から命令されることもないし、定年もない。すべてを自分で決めればいい。こんな場はほかにはないでしょう。ぼくは26年やってるから断言できる。いまからでもチャレンジできる。過去の話ではない、いまの話、〝これからの話〟です。

ただ気をつけなくちゃいけないのは、会社がちゃんとしていても、残念ながらよくないビジネスのやり方をしている人も中にはいる。無理に買わせたりとかね。ネットワークビジネスの業界だって、他の業界だって問題が起こるようなやり方をする人は現れる。ただネットワークビジネスの場合はだれでも簡単に参加できるから、問題が起こりやすいかもしれない。ネットワークビジネスは〝売るのではなく伝える〟を理解していれば、それから『2×2＝6』の広がりを理解していれば、問題は起きないはずなんだけど。

一回しかない人生を充実させるためには、また自己実現していくためには、学ばなくてはならない。そのためにはある程度の時間も、適した環境も必要。学んだものを人に伝える場も必要。そのためにもネットワークビジネスは最適なんだよ。

一緒にやる仲間が2人できれば、それでいけます

〝酒井さんが「書くのがいい」って言うから書いてみよう〟。そうして夢を実現する人が出てくると、みんな書き始める。夢をただ考えているよりも効果的なのは、書くこと。夢の種を深く潜在意識に植え付けるには、それが一番簡単で手っ取り早い方法です。

せっかくネットワークビジネスという仕事がこの世に現れたんだから、心を開いて受け入れたほうがいいんだよ。新しいお酒は新しい皮袋に入れなくちゃ。時代は流れてるんだから、古い考えはそぐわない。うまくマッチしないんだ。従来の仕事は人脈や資金、学歴、専門知識が必要かもしれないけど、この仕事はそうじゃない。ビジネスに不可欠だと言われる人脈さえなくたっていいんだから。

自分の描いた世界がネットワークビジネスで花開く。自分の可能性について勉強し、実践しなければ、ノウハウだけ学んでも何も広がらない。10人に一生懸命話せば、何人かはやってみようという人が出てくるんだけど、最後まで残るのは一人だと思えばいい。この一人が宝なんです。

ぼくは最初から「月収1千万」を目指していたから、ぼくと一緒にやってくれる人を5人つくりたかった。そして5人できた。そうしたらそこで人脈は枯れちゃった。でも、5人できたらもう新しい人を探さなくていいんだよ。その5人の人たちと連携を保ちながら、深掘りして組織をつくっていけばいい。これがネットワークビジネスの極意。この仕事は人脈じゃないんです。100人、200人知り合いがいればいいかというと、そうじゃない。

ぼくは、フォーエバーの場合、自分と心を合わせてくれる人が3人いれば年収3千万円と言っている。2人で年収1千万円。ぼくは5人だから1億円。これが、長い間実践してきた感覚でぼくが割り出した数字なんです。ただし、2人なり、3人なりが、さらに2人なり3人なりと深掘りして広がっていった場合の話ですよ。ここのところは、ドン・フェイラの『2×2＝6』を何回も読んでよく理解してください。

ドン・フェイラの『2×2＝6』の日本語版が出たのは、ぼくがある程度成功したあとだった。でもあの本ができたおかげで、ぼくの言っていることはネットワークビジネスの世界の指導者が言っていることと同じだとみんなに伝えることができた。人脈というほどのものがなくても、20、30人くらいの知り合いがいれば大丈夫。40歳も過ぎれば、それくらい搾り出せば出てくるものです。顔が広くなくたっていい。ネットワークビジネスの極意は〝スポンサリング〟と〝深掘り〟にあるんだから。

『強い味方』にこういうことが書いてある。アメリカの30代の人たちにアンケートをとったそうだ。〝21世紀になったら、どういうライフスタイルにしたいですか〟。10年以上前の調査だけどさ。かれらがスマートなライフスタイルとして挙げている項目は5つ。健康に生きたい、豊かに生きたい、仲間と生きたい、自由に生きたい、そして知的に生きたい。素晴らしいと思わない？　この著者は、これをすべて満たす仕事はどこにもないと言っている。あるとすれば、ネットワークビジネスだ、と。これらのライフスタイルをすべて叶えられるのはね。

日本はやっぱり10年から15年、アメリカより遅れてるんじゃないかな。だからいま、日本の人たちはこういう感覚を持ち始めていると思う。でも受け皿がないでしょう。唯一の受け皿はネットワークビジネスだと思いますね。若い人にとっても、定年になった人にとっても。ぼくは26年間やってきて、いま改めてそう実感している。

日本はせまい国だからか、みんな、つねに人の目を気にして生きてるよね。ぼくが26年前に「月収1千万！」って言うのもすごく勇気がいった。日本だとお金のことを口に出すのははしたないと思われているでしょう。でもそんなの関係ない。人目を気にしなくていい。もちろん人に迷惑をかけちゃいけないよ。でも、人の目よりももっと大事なのは神の目。それに照らし合わせて生きていけばいいんだよ。

潜在意識とネットワークビジネスの融合の強烈なインパクトを認識すれば、すごいことが起きると思う。従来の仕事に飽きたらなくて、無資本からでも大きな夢を実現したいチャレンジ精神旺盛な人に伝えたい。

主婦の人たちにも、これが最高だと思うよね。空いた時間にできるし、自由だし、友達もできるし。定年退職した人にもいいよ。定年になるとつながりがなくなっちゃう。仕事を離れても集まるかといえば、そうじゃないらしい。

ぼくはありがたいことに、どこに行っても多くの人たちがすぐに話を聞きに集まってくれる。ほんとうにすごいことだと思います。でもこれは、ネットワークビジネスがあり、ぼくが潜在意識というものを理解しているから。お金儲けのためにがんばれがんばれって言っても人は来ないよね。

それと、潜在意識とネットワークビジネスを結ぶキーワードの一つは〝正直〟だと思う。その意味で、〝正直は力なり〟を信条にしている山形さんが、フォーエバーを日本に持ってきてくれたのは本当にありがたい。ぼくにとっては、幸運以上のものだね。縁というか、シンクロニシティというか。

何度も言うけど、こんな、正直が力になる世界を提供してくれるのは、ネットワークビジネスしかないと思う。受け皿が古い仕事ばっかりでは若い人はついてこないよ。仕事以前に、若い人はさっき言ったような5つの要素を満たすライフスタイルも望んでるんだから。そういう生活ができる仕事を国が生み出せばいいんだけど、できないから民間がやっているだけでさ。ネットワークビジネスは、そういう存在。考えてみればすごい雇用対策でもあるわけなんだよね。

自分はどんな人生を送りたいか、すべてはそこから

学歴があって人脈があって努力家で、そんな人は少ないし、仮にそうであっても成功できるとはかぎらないしね。ぼくは世間でいわれているそれらの成功の要素がなくても、心の持ちよう一つで成功できるという、サンプルなんです。たった180円のビーチサンダルが買えずにやけどをしたおかげでアロエのすごさを知り、そのビジネスで20億円を得た。それを可能にしたのは、ネットワークビジネスという仕事と、潜在意識の力です。ぼくを一言で表すなら、さしずめ〝20億円のビーチサンダルを履いた男〟という感じかな。

もっとも20億円稼いだといったって結果論だね。こんなことが起こるのも、心の働き、

つまり潜在意識の働きとしかいいようがないね。

潜在意識のことをぼくはいつも話してるけど、人によっては理解するのが難しい分野だと思う。潜在意識を理解しなくても、ネットワークビジネスで成功はいくらでもできるだろうけど、ぼくにとっては、潜在意識とネットワークビジネスは欠かすことのできないものなんだ。ぼくは潜在意識を理解し活用しなかったら、ネットワークビジネスにも出会うことはなかったし、成功なんかできるわけなかったね。

潜在意識なんて学校で教えてくれるものじゃないし、社会に出たって勉強する機会もないし、とにかく生活していくのには必要ないと思われている。また、ネットワークビジネスで成功するのにも、ほとんどの人は潜在意識なんか必要ないと考えるでしょう。

ただ、ぼくのグループはそうじゃないね。潜在意識の話を毎月喜んで聞きに来る。理屈はやっかいかもしれないけど、ぼくの話を聞いて、何かが心に触れる人は、また来る。「なにバカなこと言ってんの?」と思う人はもう来ない(笑)。自分の人生に思い当たることのある人は「おもしろい」となるけど、思い当たるものがないと、何を言ってるのか意味がわからない。

また、最初は何話してるかわからなくても、みんなが一生懸命聞いてるから、「なんでこの人たちはこんなに熱心なんだろう」、と不思議に思って聞き続けるうちに、わかるようになる人も多いね。

ぼくたちのグループは異色だよ。異色なんだけど、こういう考え方を持ったほうが、これからの時代はいいような気がする。ネットワークビジネスを理解するのと同時に、世の中の変化を感じるのと同時に、自分中心の〝我〟だけじゃなく、自然界はみんなつながっている、という感覚を身につけていくのが、これからの社会なんじゃないかと思う。そういうふうに生きていくべきだと思う。

人と戦っちゃいけないよ。人のものを奪うことなく、みんながそれぞれに自分の夢を叶えられる…、ネットワークビジネスはそういう場なんです。

自分の夢が人の夢とぶつかるとか、自分と人とを比べて自分にはできないとか、考えるのはおかしいよ。自分に正直にやっていけばいい。自分の花を咲かせればいい。たんぽぽもいいし、さくらもいい。そういう歌あったよね(笑)。たんぽぽが、「私、さくらになりたいの」と思わない。人間も、もっと自然に生きないとね。潜在意識を勉強すればそういうこともわかってくる。勉強しないとなかなか難しいよね。すぐに戦いが始まってしまう。そうすると自分が苦しくなるだけなんだよ。

相手は関係ない。相手に合わせることはないんだ。合わなかったら、相手が悪いんでも、自分が悪いんでもなく、縁がなかっただけのこと。なんで？　なんて考えない。これは縁で、逆らっちゃいけないもの。ぼくはそういう人生観で生きてる。43で生きるか死ぬかのときもそうだった。運がなければおれは死ぬ。何かの縁があれば救われるだろう。だからじたばたしない。そんなときにキャンプ場で例の〝ビーチサンダルの奇跡〟が起きた。

人にネットワークビジネスのことを話すと、ネガティブなことを言う人がいるでしょう。そういうときは、「ぼくも同じだったよ。ぼくは自分で通産省に電話したよ」と話す。それでも納得しなければ、縁がないということ。つねに〝縁〟なんだよ。昔の人は、この〝縁〟っていう、得体のしれないものの意味がわかってたし、大事にしてたよね。縁のない人にいくら話しても争いになることもあるし、人間関係が壊れることもある。そこまでしてやりたくない。縁がないんだなあ、と思えばいいだけのこと。自分の世界を人に押し付けてもしかたないでしょう。みんな、それぞれ違う世界に生きてるんだから。自分だって、人の世界で生きろと言われたらいやだよね。

うまくいかないと、「自分に力がない」とか「わからない相手が悪い」とか、そうなってしまう。でもそうじゃない。自分の説明が下手だとか、相手の頭が固いとか、そういうレベルのことじゃない。それじゃあ疲れ切っちゃうし、話すのがこわくなっちゃうでしょう。

〝すべては縁〟という日本独特の感覚を思い出してほしい。

縁の意味ってわかる？　仏教の話になるけど、〝因縁〟という考え方がある。種を蒔いても必ずしも花は咲かない、実にはならない。そこに、縁がなくちゃいけない。縁があってはじめて、花が咲く、実がなる。朝顔の種があってもそれだけではだめで、土のなかに入れてあげることが縁。周りの環境、温度、湿度、そういう条件が揃って、つまり縁があって、やっと花が咲く。要するに、因はさまざまな縁がそろったとき果になるんです。

どんな夢があっても縁がなければそれは叶わない。〝ああ、縁って大事だなあ〟、そう思って縁を大切にするといい縁が起きやすくなる。「月収1千万！」と言っても必ずしも果にならない。果の前に〝因縁〟ありきだ、と思わなくてはいけない。

これは仏教の教えの一つだけど、シンクロニシティのことを〝縁起律〟と訳している心理学者もいるぐらいだから、因縁の考えはユングの世界とよく似ているね。

ぼくは自分のグループの人には、「ぼくはね、神様に好かれてるの」と話してる。「あなたがたはあんまり好かれてないの。その差だよ」って(笑)。15年前、億ションを買ったとき、茂代にこう言ったんだ。

「茂代ね、おれやおまえなんか何にもないのにね、こんなところに住めるっていうことは神様のおかげなんだよ。これから気をつけることは、神様に嫌われないようにすることだ。神様に嫌われないようにするには、嘘を言ってはいけない。人の悪口を言ってはいけない。人に嫉妬しちゃいけない。非難しちゃいけない。愚痴を言ってはいけない。神様が一番いやがるから。お互いに心して、そういうことをしないように気をつけよう」

そう言って握手した。だからぼくは自分の力でやったとは思わないし、いまでも思ってない。5年くらい前からそれがちょっと変わった。

「茂代、これからは神様に嫌われないようにじゃなく、神様に好かれることをしよう」

神様に好かれるっていうことは、もっとレベルが高い。嫌われないだけじゃ、ちょぼちょぼしかいかないの(笑)。もっと飛躍したいときは好かれないといけない。神様に好かれるには人のためになること。人は、みんな神様の子なんだよ。だから人を愛するというのは神様の子供を愛するのと同じ。

逆に、あなたに子供がいて、ぼくがあなたの子供に「バカね」と言ったら、頭にくるでしょう。うちの子に何言うのって。神様も同じなの。人はみんな神様の子なんだから、人を非難すると神様の子を非難することになる。また、人を助けるということは神様の子を助けているのと同じ。そうしたら神様に好かれちゃう。

あなたの子供をぼくが一生懸命励ましたら、うれしいでしょう。ぼくはこのことにやっと気がついた。酒井満はこれからそうやって生きる。もう自分のために生きているんじゃない。43で一度死んだ男なんだから。それを生かしてくれただけじゃなくて、こんなにいい思いをさせてもらって、自分の力と思ったら大間違いですよ、ほんとうに。

ゆるす、そして潜在意識がよき人生の最高のツール

ぼくは自分の言ってることが正しいかどうかもわからない。だけど、いろんな本を読んでも、これだけは間違いじゃないと思う。

〝人間は、人のために生きている〟

またある本には、こんないい言葉が書いてあった。

〝ゆるしとは、愛の極致である〟

ぼくもそんな気がする。みんな簡単に愛、愛っていうけど、〝ゆるし〟のない愛なんて本当の愛じゃない。愛って口では言ってても、ゆるせていないんだったら、それは本当の愛じゃないいんだよ。ぼくは、愛とゆるしは、紙の表と裏のようなものだと思っている。愛とゆるしは一体だよね。

すべてをゆるすっていうのはほんとうに難しいだろうな。当然だけど、ぼくはまだまだ

深いゆるしには至っていない。あと30年で、どこまでゆるせるか楽しみだね。

心に憎しみがあると、それが表面に現れるのを抑えようとして、ものすごいエネルギーを消費している。もし、ゆるすことで、そのエネルギーを解放することができれば、何かとてつもないことができそうな気がする。26年前のキャンプ場での時空を超えたような奇跡は、その現れのような気がしてならない。

つい最近、あるリーダーが本をくれた。ダライ・ラマ14世の言葉が集められている本。「酒井さんがいつも言ってることと、同じことが書かれている」と言ってくれた本だ。〝ゆるす〟ということの意味が素晴らしく書いてある。人はみんな、〝相手が悪いのに、なぜ私がゆるさなくちゃいけないんだ〟と考える。人についても、出来事についても。でも、ダライ・ラマはそうじゃないよ、と言っている。自分を自由にするためにゆるすんだよ、と。

〝ゆるしの気持ちを身につければ、
その記憶にまつわる負の感情だけを
心から手放すことができるのです。
ゆるしとは「相手を無罪放免にする手段」ではなく、
「自分を自由にする手段」です〟
（『ゆるす言葉』ダライ・ラマ14世著／イースト・プレス）

すごい言葉だね。これがわからなくちゃいけないよね。

これができるとね、マイナスの感情が心に発生しないんです。潜在意識の極意というのは、思ったことが実現するということなんだけど、憎い対象があると自然にマイナスの感情が起きやすくなって、そのぶんマイナスの体験をするようになる。だから損なんです。最初からゆるしておけば、はじめからマイナスの気持ちが起きないでしょう。

たとえば、あなたが憎らしいと思っている人がいたとして、「あんちきしょう、死んじまえ！」と思ったとするよね。そう思ったら自分が死んじゃうんだよ(笑)。こういう心のからくりに気づくこと。誰に対しても敵意を持ったらいけない。ライバルがうまくいったら、あの人がうまくいくんだから私もうまくいくんだ、と思えばいい。誰かが成功すれば私も成功する可能性がある、と思えばいい。そうすると、自分自身が成功に導かれる。

といっても、これはなかなか難しいことでね。ぼくも含め、みんな進化の途上で、まだ未完成なんだ。だからおもしろいんだけどね。でも、いまできているかどうかは別として、そういうことを目指しているということが大事なんだよ。グループの人たちには、〝ゆるす〟ことが大切だとわかっただけでもいい、とぼくは言うんです。そうすると、さっきまでゆるせないゆるせないと言ってたリーダーたちも、みんな「そうそう」って言ってるよ(笑)。それを知っただけで、いつも心に留めておくだけでかなり違うんですよ。

ぼくのグループがここまで伸びたのは、みんなが〝ゆるし〟の大切さをわかってくれたおかげ。ぼくが、心の持ちようがいかに重要かを話してきたからだと思います。

考えてみると、これまでのぼくの人生は〝ゆるし〟を学ぶための人生であったかもしれない。酒井長英を父として生まれたのも、神が、天がぼくにゆるしを学ばせるためにそうしたように思える。そうは、気づかなかった。そう思ったとき、気づかなかったとはいえ、父を憎んだことに、申し訳なさを感じた。でも、よかった。父が生存中に気づいてよかったし、ゆるせることができてよかった。

しかし、父をゆるしたあとも、絶対にゆるせないものを心の深みに大事に秘めていた。それは、遠い昔。7、8歳のあるときのできごとが原因だった。

ある日、茂代が聞いた。「それは、何なの？」。答えなかった。ただ「これがあるから、おれは500万とろうと600万とろうと満足しないんだ。この恨みのエネルギーで、おれは1千万とってみせるんだ」と言った。

それから、何年か経った。考えられないことだけど、いつの間にかその〝恨み〟は消えていた。そしてその2年後に、夢の「月収1千万」を達成することができた。

聖書には、〝祈って求めるものは何でも、すでに受けたと信じなさい。そうすれば、そのとおりになります〟とある。また、〝祈っているとき、だれかに対して恨み事があったら、ゆるしてやりなさい〟と書かれているけど、まさに潜在意識そのものだね。

ぼくに言わせれば、自分も他人も過去にあったことも、何もかもをゆるせれば、心が自由で楽になる。そして、心を解き放って、宇宙と一体となって、自分の夢が叶ったことを想像し、それが時間の流れのなかで実現していく。それこそ夢だ。永遠の夢だ。

〝愛する妻〟、〝ビーチサンダル〟、そして〝ピコ秒〟の奇跡。〝月収1千万円〟、〝10年連続年収1億円〟というぼくの夢。それに茂代の夢だった〝軽井沢ゲストハウス〟。すべてが、ぼくたち夫婦にとっては奇跡だった。

43歳のとき、死のうと思っていた男、180円のビーチサンダルさえも買えなかった男。それが、潜在意識とネットワークビジネスで助けられた。

この本がみなさんのお役に立てば、最高の幸せです。ありがとうございました。

本書のための特別インタビュー寄稿

世界のネットワークビジネスと私たち二人のやり方

ドン・フェイラ&ナンシー・フェイラ

「ネットワークビジネスをしたことのない人の１００％がこのビジネスを理解していないし、このビジネスにたずさわっている人でも、80～90％がこのビジネスを〝正しく〟理解していません。なのに、世界的に見てこのビジネスは間違いなく成長しています。なぜでしょう。そこにはっきりした理由があるからです」……講演旅行で世界各国のネットワークビジネス事情を知るドン・フェイラ、ナンシー・フェイラ夫妻が、とくに本書の読者に向けて、このビジネスのもつ〈歓び〉と〈無限の可能性〉を語ります。

4年間に休みはわずか4日…、働きづめに働いていたそんなに働いていたら、自分自身を見失ってしまうぞ

Q　そもそもお二人は、どのようなきっかけでこのビジネスを始めたのですか。

ドン　もう43年も前のことになるね。結婚して2年ほどがたったころ、友人がこのビジネスを紹介してくれたんだ。

ナンシー　もう43年もたったなんて信じられない気分だわ。先日私たちは結婚45周年のお祝いをしたばかりなの。ドンは「４５０周年だ」なんて言うのよ(笑)。私が46年を目指してがんばりましょうね、と言ったら、「まずは明日をクリアしてからだ」ですって。私たち、

いつもこうやって冗談ばかり。これはしあわせな結婚生活の秘訣でもあるし、よいネットワークビジネスを構築するための大切なポイントでもあるのよね。とにかく、楽しむことが大切。何をするにも、つねにユーモアを忘れないことがすごく大事なのよ。

ドン　そう、人生は楽しむためにあるんだからね。ビジネスを始めたときの話に戻ると、当時ぼくたちは、International House of Pancakes (IHOP) というレストランを経営していた。レストランを経営しはじめて4年がたっていたけれど、その間ぼくが休暇をとったのはたったの4日だけ。文字どおり働きづめだった。ぼくたちはみんなに〝OWN YOUR LIFE（自分の人生を所有しなさい、自分のものにしなさい）〟というメッセージを送り続けているけれど、それはぼくが、自分の人生を所有していないってことがどんなことなのか、身にしみてわかっているからなんだ。あるとき、そのレストランで知り合って親しくなった友達が、「こんなビジネスがあるよ」と紹介してくれたのが、とあるネットワークビジネスだった。それまで、ぼくはこういう種類のビジネスが存在することは知っていたけれど、詳しいことは何も知らなかった…。そして、そのときからぼくたちの新しい人生が始まったんだ。

ナンシー　私は、ドンから話を聞くまで、ネットワークビジネスが何なのかさえ知らなかったの。私は大学を出てからずっと販売やマーケティングの仕事にたずさわっていて、サラリーマンとして、それこそ猛烈に働いていました。だからビジネスの世界のことは熟知していたんです。そんな私に、ドンがこう言ったの。

「ナンシー、ちょっとペースを落としたらどうだい？　そんなに働いたら、自分自身を見失ってしまうよ。きみは出世街道を突き進んでいるけれど、権力をもったスーパー・セールスレディになんてならないほうがいい。そんなものになったところで、自分を痛めつけるのが関の山だ。それよりも、自分の人生を自分のものとして生きることを目標にしようよ。ぼくは、ネットワークビジネスがそれを可能にしてくれると感じている。自分の人生を所有し、そして周りの人にもその方法を教えてあげるんだ。そのほうがきみにとってずっといい人生になると思わないか？」

そしてビジネスを始めてから、ドンが口をすっぱくして私に言い続けたことは、〝じゃべりすぎてはいけない〟ということ。「おしゃべりはきみの一番の敵だよ。きみは話すことが得意かもしれない。でも世の中にはそうじゃない人もたくさんいる。そういう人に、〝私にもできそう〟と思ってもらうためにも、しゃべりすぎは絶対に避けなくてはいけないよ」。この仕事をずっとしていて、これはつくづく真実だと感じますね。

ドン　あなたが次から次へとビジネスについてまくしたてたら、相手は「私にはこんなことできない」とか、「こんな時間はない」と思ってしまうだろう？

ここで、もう一度強調しておきたいのは、〝友達〟が私たちにビジネスを紹介してくれたということだ。私たちがビジネスを始めたのは43年前だけど、いまでもこのビジネスのキーポイントは同じ。その人との関係を密にして、友達になってからビジネスの話をすること。そして次は、その人の友達に会うことだ。このシンプルなステップが、このビジネスのすべてだと言っても過言ではない。どうだい？　簡単だろう？　一番大切なのは、ネットワークビジネスに誘う前に、その人との間に強い絆をつくっておくことだよ。ぼくをスポンサーした人がそうしたようにね。

ドンとナンシーは、ほかと違うことをやっているぞ 日々磨かれていったナプキン・プレゼンテーション

Q　自分のグループ以外の人に、ビジネスについて教え始めたのはいつですか。

ドン　ビジネスを始めてから、たしか4、5年たったころだと思う。真剣にビジネスに取り組むうちに、ぼくは『ナプキン・プレゼンテーション』というものを考案した。これは、あなたが知人や友人とお茶を飲んでいたり、食事をしたりしているとき、いつでも手元にあるナプキンに簡単な計算式や図を書いてネットワークビジネスの基本を説明する方法な

んだけど、この、誰でもまねのできる、ごくシンプルなプレゼンテーションのおかげで、ビジネスがすごくうまくいったんだ。するとしだいに、「私のグループの人たちにもトレーニングをしてほしい」と頼まれるようになった。最初は、そうやって頼んできた人の家に行って10人くらいの小さなグループに話すことが多かったね。ぼくたちがナプキン・プレゼンテーションで成功しているのを見て、周りの人が「ドンとナンシーは、何かほかとは違うことをやっているぞ」と気づき、自分のグループの集まりにぼくたちを招くようになったというわけさ。そういった場所で話す回数を重ねて、ナプキン・プレゼンテーションもますます磨かれて、完成していった。

ナンシー　最初のころは、よくそうやって家々を回って話をしたものね。いまはいろいろ便利な道具があるから、いながらにして世界中の人に向けてトレーニングができるの。そういった技術の発展はほんとうに素晴らしいものだと思うわ。つくづくいい時代だと思います。いまはね、私たちは自分たちのことを『ライフスタイル・トレーナー』と呼んでいるの。なぜなら、仕事という部分についてだけではなく、どうしたらもっとよい生活を手にできるか、どうしたら自分の人生を所有できるか、そしてどうしたらほかの人たちがよりよい人生を手にするのを手伝うことができるかを教えているからです。いろいろな人の人生が素晴らしいものになるのを一緒に体験し、喜びあう。本当にステキな仕事ですよ。

人生を所有する……それは、時間、お金、そして健康そしてそれ以上に、私たちが得たのは〝自由〟でした

Q　このビジネスをしてきて一番よかったと思うことは何ですか。

ドン　それは、ぼくたちが欠かさず身につけているこのピンに書いてあるよ。つまり、〝人生を所有する〟ということだ。人生を所有するというのは、時間、お金、そして健康を手にするということ。自分のしたいことを、したいときにするためには、この3つがないとだめだからね。この3つが、私たちがこのビジネスから得ている一番の恩恵だと言えるだろう。私たちは自分の人生を誰のものでもない、自分のものにしている。周りをよく見回してごらんなさい。この3つをすべて持っている人というのはそんなにいないはずだ。だってそうだろう。若い人たちは仕事もあってお金もあるかもしれないが、そのかわり時間がない。年配の人たちは時間はあるけれどお金がないし、健康上の心配も増えてくる。でも〝人生を所有する〟ということは、この3つをすべて手に入れるということなんだよ。

ナンシー　この仕事が私に与えてくれた一番のものは、ズバリ〝自由〟です。私はこのビジネスに出会うまで、企業に雇用され、サラリーマンとして働いていました。将来の展望

が見えない、目の前に積まれた仕事を片づけるだけのつまらない業務を長いことしていたのですから、このビジネスによって与えられた自由のありがたさは、計り知れません。〝自由〟と一口に言っても、それは、好きではない仕事からの解放、経済的な悩みからの解放、自分にとって大事なことをするための自由な時間、そんな、多くの素晴らしいことを意味しています。たとえば私は、自分が好きなときに孫たちと一緒に楽しいことをして遊ぶことができます。そして世界中を旅することもできます。もしも私がいまだに企業に勤めていたとしたら、ただの気むずかしい、いじわるばあさんになっていたでしょうね(笑)。でも実際の私は、毎年毎年若返っていて、楽しみもどんどん増えているのよ。ね、素晴らしいと思わない?

インターネットでグループができると思ったら大間違い 誘う前に、その人との強い絆をつくることが大切です

Q　世界各国を見ていて、このビジネスは成長していると思いますか?

ドン　イエス。このビジネスは世界的に成長していると断言できる。過去5年ほどは少し成長が止まっていた感じがあったけど、その原因はインターネットだと思うね。インター

ネットを通して名簿を入手し、膨大な量のアドレスにEメールを送りつけ、それで多くの人を自分のグループに引き入れることができる、なんていうバカな考えを持った人たちがたくさんいて、そんな浅はかな行動がネットワークビジネス業界に大きな打撃を与えたんだ。

ぼくたち夫婦は、ご存じのように毎日のようにたくさんの人に会っている。だけど、いままでに、ただの一人も、ただの一人もだよ、インターネットを使って新しい人をビジネスに誘うことに成功し、大きなグループを構築したという人には会ったことがない。このことが、インターネットでこの仕事が簡単にできると思ったら大間違いだということの何よりの証拠だ。

考えてもみてごらん。これは、ほかでもない〝強い人間関係〟という礎の上に築かれるビジネスだ。友達が友達を誘うんだ。そこにはまずきちんとした絆がなくてはいけない。それなのに、誰がインターネットでダイレクトメールを送ってきた顔も知らない他人のグループに入ろうなんて思うだろうか？　そして、実際にそういう人の誘いに乗る人は、2～3週間もすればまた違うダイレクトメールの誘いにのってサインアップしてしまうような人なんだよ。そんな、一つのことに力を注ごうなんていう気のない人に参加してもらっても、あなたのビジネスが成功するはずがないだろう。こういった意味で、ネットワークビジネス業界は、インターネットに大きな打撃を与えられ、傷つけられてしまった。日本でもその傾向は無視できないようだね。

でも、インターネットは正しい使い方をすれば強力な道具にもなりえる。たとえばぼくたちの場合は、こういうとてもシンプルな方法をとっている。ここに、ぼくたちが扱う商品をほしがっている人がいるとしよう。まずその人に、『45 Second Presentation』（『2×2＝6』の原書）を読んでもらい、ネットワークビジネスがどんなものかを理解してもらう。これでその人は、〝運転〟のしかたがわかったということになる。次に必要になるのは〝乗り物〟（商品、ビジネスのプログラム）だ。

以前なら、ここでその人の家に行き、数時間かけて説明をするところだろうね。でもいまはぼくたちのウェブサイトをインターネット上で見てもらえばいいというわけだ。そのうえで、〝乗り物〟について何か質問があれば、ぼくたちがそれに答える。こういった使い方をすれば、インターネットはすごく有効で活用度の大きい道具だと言えるだろう。

でも、自分のことをまったく知らない人にウェブサイトのURLを送ってみたところで、何も始まらないということは、すでに話したとおりだ。最近では、そういうことをしていた人たちも、もう十分にやってみて、この方法ではうまくいかないということがわかってきたようだ。世界的にそういう流れで、みんなだんだんと〝基本〟に戻ってきているという感じだね。〝ネットワークビジネスの正しいやり方〟、というものをみんなが改めて見直し始めているんだ。

ナンシー　私たちの国アメリカも、そしてつい先日行ってきたばかりのスペインも、ほかの多くの国々も、いまは経済状況があまりよくないわね。いろんな国を訪れて最近感じるのは、不況の影響もあってか、人々がネットワークビジネスに対して前よりも心を開いているということなんです。なぜなら、お給料だけでは生活できない人、仕事を失った人、学校を卒業しても仕事に就けない人が世の中にあふれているでしょう？　そういう人たちが、このビジネスにチャンスを見出すというのは当然のなりゆきですよね。

そこで、また〝ツール〟が活躍するわけです。本や、CDや、DVDなどですね。そういったものは、このビジネスをまだよく知らない人たちに、このビジネスがかれらにとってどんなに素晴らしい可能性を与えてくれるかというビジョンをわかりやすく示してくれます。最近では、いま現在仕事を持っている人たちさえ、私にこう言います。「ナンシー、いまの仕事もいつまであるかわからないの。将来がとても不安なのよ」と。かれらは口を揃えて「もっと早く始めていればよかった…」と後悔の言葉を口にするの。

ドンはそういう人たちに向かって、「やるなら、〝いま〟が最高のタイミングだよ」と話します。というのは、いまなら、さっきも言ったように、いいツールが簡単に手に入るんですもの。私たちの本は世界中の言語に翻訳されているし、日本語の本はずっと前に四海書房から翻訳出版されているわ。それを読みさえすればネットワークビジネスがどんなものか、あなたにどんなに素晴らしいものをもたらしてくれるかわかるでしょう。だから、質問の答えに戻れば、答えは絶対的にイエス。世界的に見てこのビジネスは成長しています。いままでネットワークビジネスにまるで興味をもっていなかった人たちが、こぞって関心を持ちはじめているんですから。そうでしょう、ドン？

ドン　ネットワークビジネスにたずさわっていない人の１００％がこのビジネスをほとんど理解していないし、このビジネスに〝たずさわっている人〟でも、じつに80～90％の人たちはこのビジネスを〝正しく〟理解していない。さらに言えば、ネットワークビジネス企業の経営者に至ってさえ、このビジネスをきちんと理解している人は非常に少ないだろう。かれらはネットワークビジネスの会社を作り、ディストリビューターたちにセールスのしかた（売り方）を教える。

でも、そこからがもう間違いなんだ。ネットワークビジネスは、〝売ること〟ではない。セールスとは別のものなんだ。いいかい、地球上の95％の人は〝ノン・セールス・タイプ〟なんだよ。だから、その人たちに近づいて「この商品を売ってほしい」と言ってもそっぽを向かれてしまうだけなんだ。ぼくたちはこれまでの積み重ねの中で、とてもいい〝ツール〟を作り上げてきた。たとえば『2×2＝6（45 Second Presentation）』の本が世界中で数百万部も売り上げているのは、それが〝いいツール〟だからだ。友達と会って数時間かけて説明するより、「最初の1章だけでいいから読んでみて」と言ってこの本を手渡すほうが、お互いのためにずっといいだろう。時間にしたら1分か、それよりも少ない時間で済んでしまうんだからね。

それに、その人がもし本を開いたら、第1章にとどまらず最後まで読んでしまうことをぼくは知っている。「最初の1章だけ」と言うのは、そのほうが相手の心理的抵抗が少ないからだ。「全部読んで」と言われたら、めんどうだなと思うけれど、1章だけと言われたらそれほど押しつけがましく感じないし、気軽に読んでみようかという気持ちになるだろう？　そして、読み始めさえすれば、必ず最後の1ページまで読み進めるだろう。その時点で、その人はネットワークビジネスが何たるかを理解しているというわけだ。

そう、そこで〝運転のしかた〟がわかったということだね。そこで初めて、乗り物の紹介に移るべきなんだ。もしも、運転のしかたをまだ知らない人に、乗り物、つまり商品や会社の紹介をしたとしたら、それが仮に世界で一番すごい商品だったとしてもうまくはいかないだろう。なぜなら、その商品を見せられた人は、あなたがその商品を〝買わせたい〟、あるいは〝売らせよう〟と思っていると感じるからだ。そう思われてしまったらもう遅い。

すでに最初の一歩から間違った方向に行ってしまったということだ。

ぼくたちが、まず本を読んでもらうことにしているというのはそこなんだ。ネットワークビジネスを〝正しく〟理解してもらうということが、何にも増して重要だからね。この正しいやり方をわかって実践している人たちが最近では勢いよく増えていっているよ。ナンシーが言ったように世界的な不景気も影響しているのかもしれないね。ネットワークビジネスの将来は無限大だ。いま、ぼくはこれまで感じたことがないほどに、強くそう感じているんだよ。

ロシアでもドイツでも、このビジネスのルールは同じ 商品を売ろうと考えている間は、うまくいきっこない

Q　日本とアメリカのディストリビューターの、一番の違いはなんですか？

ドン　ぼくは違いがあるとは感じないなあ。世界中どこに行ってもディストリビューターは同じだよ。ロシアでも、韓国でも、インドネシアでも、ドイツでも…。世界中の国々に行くけれど、どこでも一緒だし、ぼくたちが教えることもまったく同じだ。それはつまり、「何かをほしがっている人を見つけなさい」ということ。いまより豊かな生活でも、大き

な車でも、大きな家でも、家族と過ごす時間でも、ボランティアをしたり地域活動に使ったりする時間でも、なんでもいい。とにかく〝何か〟を求めている人だ。

すべての人間の95%は、いま手にしていない何かをほしがっていると言われる。残りのわずか5%は、すでにほしいものをすべて手にしている人たちだ。95%の人が何かを求めているんだから、ぼくたちのマーケットは膨大だということ。これはどこの国でも同じで、違いなんてないんだよ。日本の人たちだって、家族のため、子供のために、豊かな暮らしを手にしたいと思っているだろう？　ロシアでも、インドでもそうだ。ぼくたちがいつもつけているこの〝OWN YOUR LIFE〟ピンも、世界共通で役立つツールなんだよ。言葉なんて関係ない。たとえば〝OWN YOUR LIFE〟という英語がわからなくても、わからないからこそ逆に興味を引き付けられるということもある。「そのピンはなんですか。なんて書いてあるんですか」とね。

ただ、多くのネットワークビジネス企業が、間違った提案のしかたをしている。かれらは自分たちの作った素晴らしい商品を売ってもらおうと必死なんだ。でも、それではビジネスはうまくいかない。大きなグループを構築すること、そしてたくさんの人たちに商品を〝使って〟もらうことでしか、このビジネスの成功はありえないんだ。商品を売ってもらおうと考えている間はうまくいきっこない。その理由は簡単。みんな〝売ること〟なんて好きじゃないからさ。

ナンシー　私は、日本のディストリビューターはほかの国の人たちよりも恵まれていると思います。なぜなら、ドンや私の、ネットワークビジネスの基本がわかりやすく書かれた本が、もう長年書店に並んでいるでしょう。アメリカのふつうの書店には、ネットワークビジネスの本はあまり置いていないの。アマゾンなどのインターネット書店から取り寄せなくてはいけないのよね。もし書店に置いてあったとしても、ネットワークビジネスのセクションなどないから、探すのがとても難しいんです。

ドン　日本の書店は、ネットワークビジネスの本を簡単に注文できるのがとてもいいと思う。日本はアメリカよりもずっと状況がいいと思うよ。それに、平均的に言って、日本人のほうがアメリカ人よりもずっとたくさん本を読んでいることは間違いないだろうね。

インドやモーリシャス島からもセミナーに招かれるのよ私たちの主催するクルーズは何もせず時間を過ごすだけ

Q　ご夫妻はよくクルーズ旅行に行かれるそうですが、その目的は？

ドン　まずはじめに、『Un-convention（アン・コンベンション）』について説明しておこう。ぼくたちが主催するクルーズは『Un-convention Cruise』、つまり〝コンベンションではないクルーズ〟なんだ（編集部注＝〝Un〟は形容詞や名詞の前につけて、〝〜でない〟の意味）。会社主催のコンベンション（大会、集会）というのは、たいていどこかのリゾートなど、豪華できれいな場所で開催されるだろう？　でも参加者たちは、連日連夜ミーティングばかりで、素晴らしい景色を楽しむ時間もプールサイドでくつろぐ時間もない。

だからあるとき、ぼくはこう言ったんだ。「もうコンベンションはやめだ。アン・コンベンションをやろう」ってね。みんなで集まることは集まるんだけど、ミーティングをするのをやめて、ただ好きなときに意見を交換したりアイディアを分かち合ったりするだけにしようって。このアン・コンベンションを、ラス・ベガスのリゾートホテル『トロピカーナ』で13年間続けたけれど、大好評だった。このアン・コンベンションはどの会社のネットワークビジネスをやっている人にも開かれていて、非常にオープンなものだ。

それもあって、最初のころは、「ほかの参加者をみんな自分のビジネスにリクルートしてやろう」なんていう〝勘違い〟な人もいた。でも、それはうまくいかなかった。なぜなら、この集まりに来る人たちは、ほとんどがすでに大きな成功を手にしている人たち。すでに成功している人を違うネットワークビジネスに引っ張ろうという行為は、たとえて言うなら、ハネムーン中に浮気をさせるくらい難しいことだからね（笑）。

まあ、そんなふうにラス・ベガスのホテルでアン・コンベンションを続けていたんだけど、あるときから同じことを船上でやろうということになった。一番最近あったのは、『Oasis of the Seas』という世界一大きなクルーズ船でのアン・コンベンション・クルーズ。この船は22万トンで6000人以上を収容できる、ものすごく大きな船なんだ。まるで移動する街だよ。そして、もちろんアン・コンベンションの参加者以外の人も大勢乗っている。こういうときに活躍するのが、繰り返しになるが、このピンなんだ。

さて、この大きな船でナンシーとぼくだけがこのピンをつけて歩いているとする。そうすると2、3人の人が「それは何?」と聞いてくるかもしれない。でも、もしも50組のカップル、つまり100人の人がこのピンをつけていたら…、それも世界中から集まったさまざまな人種の人——去年は南アフリカからの参加者もいた——がこのピンをつけて船の中を歩き回っていたとしたらどうだろう。少なくとも20分に1回くらいはこのピンを目にすることになるだろうね。そうなると、好奇心がいやがおうにも増してきて、「あれはいったい何なんだ?」ということになる。ぼくやナンシーに聞いてくればもちろん説明するし、ほかの人も、聞かれたらぼくたちの話をすればいい。

そして、OWN YOUR LIFEってどういうこと? と聞かれれば、時間とお金と健康を手にして、好きなことができることだよ、と答える。「たとえば、ぼくたちがこうして74回目のクルーズに来ているみたいに」とね。その話を聞いた人たちは、自分の仲間のところへ戻り、「いまそこで、74回もクルーズに来てるっていう夫婦に会ったよ」と話すだろう。「どうしたらそんなことが可能なんだ？」「ネットワークビジネスで自分の人生を所有できるようになったって言ってたよ」、こういう会話が交わされる。だからこのピンは、人々の興味を引いたり、会話を始めるいいきっかけになるんだよ。だから、ツールを使わない手はないんだ。

自分自身で同じことをしようとしたらたいへんだし、むしろツールのほうがあなたよりも上手なんだからね。〝ツール〟と〝システム〟に仕事をしてもらうこと。そうすれば、あなたがあくせく働かなくても、ほかの人が簡単に〝どうやったら人生を所有できるか〟を学ぶことができるんだ。あなたがツールもシステムも使わずに何から何までやっていたら、大切なあなたの時間もなくなるし、相手にとってもいいことは一つもないということを忘れてはいけないよ。

ナンシー　アン・コンベンション・クルーズの情報は私たちのウェブサイトに載せてあるので、ぜひ折々にチェックしてほしいと思います。

www.donandnancyfaillapublications.com

このウェブサイトの一番の役目は、皆さんに私たちのライフスタイルを見てもらうこと。

ネットワークビジネスで成功すると、どんなライフスタイルを手にすることができるのかを見てほしいのです。Local Publishersというところには、私たちの本を翻訳出版している世界中の出版社の情報が出ています。もし日本にいる人がドイツの人をスポンサーしたければ、そこに出ているドイツ語版の本のことを教えてあげてください。フォトアルバムの写真でも私たちのライフスタイルがどんなものかイメージがつかめると思うし、セミナーの動画を見ることもできます。

ブログはだいたいドンと相談しながら私が書いていて、毎週金曜日にアップするようにしています。自分の言語をクリックするだけで、30ヵ国語で読めるようになっているのよ。旅行に行くたびに現地で撮った新しい写真もアップしているわ。ハワイに来る前はコロラドにいたし、その前はスペイン、去年はインドやモーリシャスにも行ったのよ。そんなところにまでトレーニングをするために呼んでもらえるのだから、私たちはほんとうに幸せだと思います。

ネットワークビジネスは、〝人が人を助ける〟仕事です。あなたが大切に思っている人と、あなたが学んだこと、体験したことを分かち合う〝場所〟なのです。まずは、あなたの大切な人にこう質問してみてください。「あなたが自分の人生において望んでいるものは何ですか?」。サカイさんも同じことを言っていますが、大切なのは願望、そしてその願望を明確にし、それを強い状態で維持しつづけることです。あなたがその人に、「あなたのほしいものは何？」と聞いてあげることで、その人は、忘れかけていた自分の夢を意識し、それを実現しようという気持ちにもう一度なるかもしれません。そして、その夢を叶えるための手伝いを、あなたはしてあげることができるのです。すごくステキなことだと思いませんか？　まずは、あなたの大切な人が望むものを得るための手助けに、全力を傾けてください。そうすれば、あなた自身が望むものを手に入れることができるはず。私たちの〝分かち合い〟という名の仕事は、ほとんどがリラックスした雰囲気のなか、コーヒーを飲みながらできてしまうことなんです。ストレスやプレッシャーとは無縁。だって、人生は自分のもの、楽しむためにあるものなんですから。最後に私たちから皆さんへのメッセージ。〝賢く〟働いて、人生を思いきりエンジョイしてください。

参考図書（末尾は著者が最初にこの本を読んだ年）

信念の魔術（C・M・ブリストル著　大原武夫訳　ダイヤモンド社）1968年
精神力——その偉大な力（D・カスター著　大原武夫訳　ダイヤモンド社／絶版）1968年
巨富を築く13の条件（ナポレオン・ヒル著　志賀政喜訳　実業之日本社／絶版）1971年
人を動かす（D・カーネギー著　山口博訳　創元社）1971年
自己実現（S・J・ウォーナー著　伊東博訳　ダイヤモンド社／絶版）1972年
わが子ケネディ（ローズ・F・ケネディ著　大前正臣訳　徳間書店）1974年
自己暗示（C・H・ブルックス、E・クーエ著　河野徹訳　法政大学出版局）1974年
ユングと共時性（イラ・プロゴフ著　河合隼雄、河合幹雄訳　創元社）1987年
自然現象と心の構造（C・G・ユング、W・パウリ著　河合隼雄、村上陽一郎訳　海鳴社）1988年
心は脳を超える（ジョン・C・エックルス、ダニエル・N・ロビンソン著　大村裕、他訳　紀伊國屋書店）1993年
運命を拓く（中村天風著　講談社）1994年
自己実現の心理（上田吉一著　誠信書房）2000年
黄金の華の秘密（C・G・ユング、R・ヴィルヘルム著　湯浅泰雄、他訳　人文書院）2000年
2×2＝6（ドン・フェイラ著　形山淳一郎訳　四海書房）
女性の出番（ナンシー・フェイラ著　形山淳一郎訳　四海書房）

酒井　満　（さかい みつる）
1941年（昭和16年）大阪生まれ。富山県立高岡高校卒。19から25歳まで、東京とその周辺で転々と住み込み生活。27歳のとき『信念の魔術／C・M・ブリストル著』に出会い、潜在意識を実践にいかして生きることを決意し、30歳で奇跡的な結婚をする。43歳のとき経済的な苦境に陥り、自殺寸前に至るが“ゆるし”を会得し、直後、フォーエバーリビングプロダクツのビジネスで“月収1000万円の実現”を宣言し立ち上がる。10年後に“月収1000万円”を達成し、同時に毎月のセミナーの参加者が2000人に達する。2008年にはフォーエバーリビングプロダクツからの累計収入20億円となる。現在フォーエバーリビングプロダクツのビジネスに新たな目標を設定し、かたわら酒井塾を主宰、潜在意識セミナーを開催している。

サカイオフィス
http://www.sakai-office.net/

フォーエバーリビングプロダクツ ジャパン
http://www.flpj.co.jp/

ドン・フェイラ、ナンシー・フェイラ
シンプルで効率のよい、誰でも簡単に真似のできるそのノウハウが世界中のディストリビューターに支持されるドン・フェイラ。敏腕キャリアウーマンだったからこその、リアルでパワフルな、説得力あふれる講演が大人気のナンシー夫人。『2×2＝6』をはじめとする夫妻の著書は23ヵ国語に訳され、これまでの販売部数は450万部超。二人は自分たちを“ライフスタイル・トレーナー”と呼び、ネットワークビジネスをとおして人生を豊かにするための方法を世界中の人々に、楽しみながら教え続けている。
http://www.donandnancyfaillapublications.com/

企画編集　オフィス・アプリコット
翻　　訳　黒沢　綾
写　　真　Melina Hammer（在NY）
装　　幀　小倉希代
組　　版　イトウスタジオ

20億円のビーチサンダルを履いた男
酒井 満の潜在意識とネットワークビジネス

2018年 3 月 6 日　初版 3 刷発行

著　者　酒井　満
　　　　ドン・フェイラ
　　　　ナンシー・フェイラ
発行人　猪飼大輔
発行所　株式会社四海書房
　　　　〒153-0061 東京都目黒区中目黒 2-8-7-303
　　　　TEL 03-5794-4771　FAX 03-5794-4772
印刷所　創栄図書印刷株式会社

定価はカバーに表示してあります
ISBN978-4-903024-24-0 C0063